Л. Е. Белозерская-Булгакова

О, МЕД ВОСПОМИНАНИЙ

Ардис

315413

c

XBIT

.B85

B

L. E. Belozerskaia-Bulgakova
O, med vospominanii

Ardis
2901 Heatherway
Ann Arbor, Michigan 48104

ISBN 0-88233-317-8 (cloth)
ISBN 0-88233-318-6 (paperback)

78 0536

ОГЛАВЛЕНИЕ

СПИСОК ИЛЛЮСТРАЦИЙ

Фотографии — из коллекции Л. Е. Б.

2

3

4

5

6

7

8

9

10

Портрет Бутона
(не закончен-повернулся.)

МБ 1930г.

11

ЗНАКОМСТВО

О, мед воспоминаний...

Сергей Есенин

Москва только что шумно отпраздновала встречу нового 1924 года. Была она в то время обильна разнообразной снедью, и червонец держался крепко... Из Берлина на родину вернулась группа „сменовеховцев". Некоторым из них захотелось познакомиться или повидаться с писателями и журналистами — москвичами. В пышном особняке в Денежном переулке был устроен вечер. Я присутствовала на этом вечере.

Все трое — они пришли вместе: Дмитрий Стонов, Юрий Слезкин и Михаил Булгаков. Только вспоминать о них надо не как о трех мушкетерах, а в отдельности. О первом я помню, что он писал рассказы и нередко печатался в те годы. А вот Юрий Слезкин. Неужели это тот самый, петербургско-петроградский любимец, об успехах которого у женщин ходили легенды? Ладный темноволосый, с живыми черными глазами, с родинкой на щеке, на погибель дамским сердцам... Вот только рот неприятный, жесткий, чуть лягушачий. Он автор нашумевшего романа „Ольга Орг". У героини углы рта были опущены, „как перевернутый месяц", и девушки сходили с ума и делали кислую гримасу, стараясь подражать перевернутому месяцу. Роман был трагический, издавался много раз, начиная с 1915 года, и, если память меня не обманывает, по этому произведению был поставлен фильм „Опаленные (обожженные?) крылья". Балерина Коралли играла главную роль. Все рыдали.

Иногда Ю.Слезкин писал под псевдонимом Жорж Деларм. В 20-е годы вышло собрание его сочинений в 3-х томах. Романов там сколько хочешь: „Бабье лето", „Столовая гора", „Кто смеется последним", все та же „Ольга Орг", „Отречение" и много, много других.

А вот за Слезкиным стоял новый, начинающий писатель — Михаил Булгаков, печатавший в берлинском „Накануне" „Записки на манжетах" и фельетоны. Нельзя было не обратить внимания на необыкновенно свежий его язык, мастерский диалог и такой неназойливый юмор. Мне нравилось все, принадлежавшее его перу и проходившее в *Накануне*.

В фельетоне „День нашей жизни", напечатанном в № 424 этой газеты, он мирно беседует со своей женой. Она говорит: "И почему в Москве такая масса ворон. . . Вон за границей голуби. . . В Италии. . ."

— Голуби тоже сволочь порядочная, — возражает он.

Прямо эпически-гоголевская фраза! Сразу чувствуется, что в жизни что-то не заладилось. . . Передо мной стоял человек лет 30-32-х; волосы светлые, гладко причесанные на косой пробор. Глаза голубые, черты лица неправильные, ноздри глубоко вырезаны; когда говорит, морщит лоб. Но лицо в общем привлекательное, лицо больших возможностей. Это значит — способное выражать самые разнообразные чувства. Я долго мучилась, прежде чем сообразила, на кого же все-таки походил Михаил Булгаков. И вдруг меня осенило — на Шаляпина!

Одет он был в глухую черную толстовку без пояса, "распашонкой". Я не привыкла к такому мужскому силуэту; он показался мне слегка комичным, так же как и лакированные ботинки с яркожелтым верхом, которые я сразу окрестила "цыплячьими" и посмеялась. Когда мы познакомились ближе, он сказал мне не без горечи:

— Если бы нарядная и надушенная дама знала, с каким трудом достались мне эти ботинки, она бы не смеялась. . .

Я поняла, что он обидчив и легко раним. Другой не обратил бы внимания. На этом же вечере он подсел к роялю и стал напевать какой-то итальянский романс и наигрывать вальс из *Фауста*. . . А дальше?

Дальше была большая пауза в стране. Было всеобщее смятение. Была Москва в оцепенении, в растерянности: умер Ленин. Мороз был больше 30 градусов. На перекрестках костры. К Дому Союзов в молчании непрерывной лентой тянутся многотысячные очереди. . .

В моей личной жизни наступило смутное время: я расходилась с первым мужем и временно переехала к родственникам моим Тарновским. С Михаилом Афанасьевичем встретилась на улице, когда уже слегка пригревало солнце, но еще морозило. Он шел и чему-то своему улыбался. Я рассказала ему о перемене адреса и изменении в моей жизни.

Тарновские — это отец, Евгений Никитич, по-домашнему Дей, впоследствии — профессор Персиков в „Роковых яйцах" (об этом подробнее я расскажу позже). Это был кладезь знаний. Он мог сказать японскую танку — стихотворение в три строки — на японском языке. Я была так горда, когда в 16 лет от него выучилась: "Асагао ни цурубе тарарету марао мидзу". "Повилика обвила ведро моего колодца. Дайте мне воды", — вот перевод этих поэтических строк. Дей никогда не поучал и ничего вам не навязывал. Он просто по-настоящему очень много знал, и этого было вполне достаточно для его непререкаемого авторитета. Дей знал, как умер Аттила, он мог ответить на любой вопрос. Его дочь всегда удивляла преподавателей истории, приводя какие-то особые штрихи эпохи, о которых ни в учебниках, ни на уроках даже не упоминалось да и не могло упоминаться. Звали ее Надежда Евгеньевна, а в самом теснейшем кругу "Гадик". "Гад Иссахар за углом ест сахар" — так дразнили мы ее в ранней юности за то, что неудержимо любила она сладкое.

Вот в этот дом и припожаловал М. А. Пришел и стал бывать почти каждый день. Он сразу же завоевал симпатии Надюши, особенно когда начал меня "сватать".

Уже весна, такая желанная в городе! Тепло. Мы втроем — Надя, М. А. и я — сидим во дворе под деревом. Он весел, улыбчив, ведет "сватовство".

— Гадик, — говорит он. — Вы подумайте только, что ожидает вас в случае благоприятного исхода. . .

— Лисий салоп? — в тон ему говорит она.

— Ну, насчет салопа мы еще посмотрим. . . А вот ботинки с ушками обеспечены.

— Маловато будто. . .

— А мы добавим галоши... — Оба смеются. Смеюсь и я. Но выходить замуж мне не хочется.

Подружился М. А. и с самим Тарновским. В скором времени они оба оживленно беседовали на самые разные темы и Дей полностью подпал под обаяние Булгакова.

— Здорово я их, обоих Тарновских, обработал! — скажет М. А. после с веселым смехом. (Когда он шутил, все всё ему прощали. . . "Ты как никто шутил," — говорит

11

в своем стихотворении на смерть Булгакова Анна Ахматова).

Мое пребывание у Тарновских подходило к концу: из длительной командировки возвращался муж Надюши, а комната у них была одна, разделенная занавеской, хоть и большая, да все же одна.

К сожалению, не сохранилось шутливое стихотворное послание, обращенное к Наде:

"О Гадик с глазами Онтарио!" — так начиналось оно, и смысл его сводился к тому, чтобы лучше меня охранять, а то "лысые черти могут Любу украсть".

Все самые важные разговоры происходили у нас на Патриарших прудах (М. А. жил близко, на Садовой, в доме 10). Одна особенно задушевная беседа, в которой М. А. — наискрытнейший человек — был предельно откровенен, подкупила меня и изменила мои холостяцкие настроения.

Мы решили пожениться. Легко сказать — пожениться. А жить где? У М. А. был хоть кров над головой, а у меня и того не было. Тут подвернулся один случай: к Гадику пришла ее давнишняя знакомая, тоже Надежда, но значительно старше нашего возраста. Небольшая, с пламенно огненными волосами (конечно, крашеными), даже скорее миловидная, она многих отталкивала своими странностями. Она могла, например, снизу руками подпереть свой бюст и громогласно воскликнуть: "У меня хорошенькие грудки" или рассказать о каком-нибудь своем романе в неудержимо хвастливых тонах. Меня она скорее занимала; Надюша, гораздо добрее и снисходительнее меня, относилась к ней вполне терпимо, но М. А. невзлюбил ее сразу и бесповоротно. Он окрестил ее Мымрой. Когда мы поселились с ним в Обуховом переулке и она вздумала навещать нас, он сказал: "Если Мымра будет приходить, я буду уходить из дома. . ." К счастью у нее наклюнулся какой-то сильно "завихренный" роман и ее визиты сами собой прекратились, но образ ее — в карикатурном виде, конечно, — отразился в повести "Собачье сердце".

+ + +

Вот эта самая Надежда и предоставила нам временный

12

приют. Жила она в Арбатском переулке в старинном деревянном особнячке. Ночевала я в комнате ее брата-студента, уехавшего на практику.

Как-то днем, когда Надежда ушла по делам, пришел оживленный М. А. и сказал, что мы будем писать пьесу из французской жизни (я несколько лет прожила во Франции), и что у нее уже есть название: „Белая глина”. Я очень удивилась и спросила, что это такое ”белая глина”, зачем она нужна и что из нее делают.

— Мопсов из нее делают, — смеясь ответил он. Эту фразу потом говорило одно из действующих лиц пьесы.

Много позже, перечитывая чеховский „Вишневый сад”, я натолкнулась на рассказ Симеонова-Пищика о том, что англичане нашли у него в саду белую глину, заключили с ним арендный договор на разработку ее и дали ему задаток. Вот откуда пошло такое необычайное название! В результате я так и не узнала, что, кроме мопсов, из этой глины делают.

Зато сочиняли мы и очень веселились.

Схема пьесы была незамысловата. В большом и богатом имении вдовы Дюваль, которая живет там с 18-летней дочерью, обнаружена белая глина.

Эта новость волнует всех окрестных помещиков: никто не знает, что это за штука. Мосье Поль Ив, тоже вдовец, живущий неподалеку, бросается на разведку в поместье Дюваль и сразу же подпадает под чары хозяйки.

И мать, и дочь необыкновенно похожи друг на друга. Почти одинаковым туалетом они усугубляют еще это сходство: их забавляют постоянно возникающие недоразумения на этой почве. В ошибку впадает и мосье Ив, затем его сын Жан, студент, приехавший из Сорбонны на каникулы, и, наконец, инженер-геолог эльзасец фон Трупп, приглашенный для исследования глины и тоже сразу бешено влюбившийся в мадам Дюваль. Он — классический тип ревнивца. С его приездом в доме начинается кутерьма. Он не расстается с револьвером.

— Проклятое сходство! — кричит он. — Я хочу застрелить мать, а целюсь в дочь. . .

Тут и объяснения, и погоня, и борьба, и угрозы самоубийства. Когда, наконец, обманом удается отнять у ревнивца револьвер, он оказывается незаряженным. . . В третьем действии все кончается общим благополучием. Тут мы применили принцип детской скороговорки: "Ях женился на Цип, Яхцидрах на Ципцидрип. . ." Поль Ив женился на Дюваль-матери, его сын Жан — на Дюваль-дочери, а фон Трупп — на экономке мосье Ива мадам Мелани.

Мы мечтали увидеть ,,Белую глину" у Корша, в роли мосье Ива — Радина, а в роли фон Труппа — Топоркова.

Два готовых действия мы показали Александру Николаевичу Тихонову (Сереброву — популярный в Москве редактор многих изданий тех лет.) Он со свойственной ему грубоватой откровенностью сказал:

— Ну, подумайте сами, ну кому нужна сейчас светская комедия?

Так третьего действия мы и не дописали.[1]

Вот и кончилось мое житье в комнате студента — брат Надежды (Мымры) возвращался с практики. . .

Потом мы зарегистрировались в каком-то отталкивающем помещении ЗАГСа в Глазовском (ныне ул. Луначарского) переулке, что выходил на бывшую церковь Спаса на Могильцах.

Сестра М. А. Надежда Афанасьевна Земская приняла нас в лоно своей семьи, а была она директором школы и жила на антресолях здания бывшей гимназии. Получился "терем-теремок". А в теремке жили: сама она, муж ее Андрей Михайлович Земский, их маленькая дочь Оля, его сестра Катя и сестра Н. А. Вера. Это уж пять человек. Ждали приезда из Киева младшей сестры, Елены Булгаковой. Тут еще появились и мы.

К счастью, было лето и нас устроили в учительской на клеенчатом диване, с которого я ночью скатывалась, под портретом сурового Ушинского. Были там и другие портреты, но менее суровые, а потому они и не запомнились.

С кротостью удивительной, с завидным терпеньем — как будто так и надо и по-другому быть не может — принимала Надежда Афанасьевна всех своих родных. В ней особенно сильно было развито желание не растерять, объединить, укрепить булгаковскую семью.

---

[1]В архиве М. А. Булгакова в рукописном отделе Ленинской библиотеки следов этой пьесы, к сожалению, нет.

Я никогда не видела столько филологов зараз в частном доме: сама Н. А., муж ее, сестра Елена и трое постоянных посетителей, один из которых — Михаил Васильевич Светлаев — стал вскоре мужем Елены Афанасьевны Булгаковой.

Природа оформила Булгаковых в светлых тонах — все голубоглазые, блондины (в мать), за исключением младшей, Елены. Она была сероглазая, с темнорусыми пышными волосами. Было что-то детски-милое в ее круглом, будто прочерченном циркулем лице.

Ближе всех из сестер М. А. был с Надеждой. Существовал между ними какой-то общий духовный настрой, и общение с ней для него было легче, чем с другими. Но сестра Елена тоже могла быть ему достойной партнершей по юмору. Помню, когда я подарила семейству Земских абажур, который сделала сама из цветистого ситца, Елена назвала мой подарок "смычкой города с деревней", что как нельзя лучше соответствовало злобе дня.

Муж Надежды Афанасьевны Андрей Михайлович смотрел очень снисходительно на то, как разрасталось его семейство. Это был выдержанный и деликатный человек. . .

Однажды мы с М.А. встретили на улице его сослуживца по газете „Гудок" журналиста Арона Эрлиха. Мужчины на минуту остановились поговорить. Я стояла в стороне и видела, как Эрлих, разговаривая, поглядывает на меня. Когда М. А. вернулся, я спросила его, что сказал Арон.

— Глупость он сказал, — полуулыбчиво-полусмущенно ответил он. Но я настояла, и он признался:

— Одень в белое обезьяну, она тоже будет красивой. . . (Я была в белом костюме). Мы с М. А. потом долго потешались над обезьяной. . .

Много лет спустя А.Эрлих выпустил книгу „Нас учила жизнь" („Советский писатель", М., 1960), где немало страниц посвящено М. А. Булгакову. Но лучше бы этих страниц не было! Автор все время отгораживается от памяти своего бывшего сослуживца и товарища и при этом волнуется: а вдруг кто-нибудь может подумать, что он, Эрлих, дружил с „плохим мальчиком". Поэтому он спешит сказать что-нибудь нелестное в адрес М. А. Булгакова, осуждая даже его манеру шутить: „Он иногда заставлял настораживаться самим уклоном своих шуток" (стр. 36). Правда, не очень грамотно, но смысл ясен.

Как ни мило жили мы под крылышком Ушинского, а собственный кров был нам необходим. Я вспомнила, что много лет назад на Каретной-Садовой стоял особняк, где справлялась свадьба моей старшей сестры. Это был красивый дом с колоннами, повернутый фасадом в тенистый сад, где мы с сыном хозяйки играли в прятки: было мне девять лет, а ему одиннадцать. Я была самая маленькая на свадьбе, но мне все же дали бокал шампанского, которое мне очень понравилось и я все боялась, что взрослые спохватятся и у меня его отберут. Не знаю, что произвело на меня большее впечатление: хозяйка ли дома Варвара Васильевна (крестная мать моей сестры), такая красивая в своем серо-зеленом — под цвет глаз — платье, или шампанское.

Теперь, в 1924 году, я решила направиться к ней и спросить, не поможет ли она нам в поисках пристанища. Дом я узнала сразу, но на нем висела вывеска какого-то учреждения, а сама Варвара Васильевна жила во дворе в деревянном флигеле. Вместо бывшей красавицы меня встретила пожилая женщина с черным монашеским платом на голове — Mater dolorosa (она похоронила обоих сыновей). Она была очень приветливая, охотно повела меня через проходные дворы в какие-то трущобы и указала на одну из халуп, где шел ремонт. Надо было на другой день придти сюда же на переговоры, но я не пошла. Правда, то, что нас ждало впереди, оказалось не лучше, но хоть район был приличный. В это время нас познакомили с грустным-грустным человеком. Глаза у него были такие печальные, что я до сих пор их помню. Он-то и привел нас к арендатору в Обухов переулок, дом 9, где мы и утвердились.

НА ГОЛУБЯТНЕ

Мы живем в покосившемся флигельке во дворе дома № 9 по Обухову, ныне Чистому переулку. На соседнем доме № 7 сейчас красуется мемориальная доска: „Выдающийся русский композитор Сергей Иванович Танеев и видный ученый и общественный деятель Владимир Иванович Танеев в этом доме жили и работали". До чего же невзрачные жилища выбирали себе знаменитые люди!

Дом свой мы зовем „голубятней". Это наш первый совместный очаг. Голубятне повезло: здесь написана пьеса „Дни Турбиных", фантастические повести „Роковые яйца" и „Собачье сердце" (кстати, посвященное мне). Но все это будет позже, а пока Михаил Афанасьевич работает фельетонистом в газете „Гудок". Он берет мой маленький чемодан по прозванью „щенок" (мы любим прозвища) и уходит в редакцию. Домой в „щенке" приносит он читательские письма — частных лиц и рабкоров. Часто вечером мы их читаем вслух и отбираем наиболее интересные для фельетона. Невольно вспоминается один из случайных сюжетов. Как-то на строительстве понадобилась для забивки свай копровая баба. Требование направили в главную организацию, а оттуда — на удивленье всем — в распоряжение старшего инженера прислали жену рабочего Капрова. Это вместо копровой-то бабы!

И еще в памяти встает подхваченный где-то в газетном мире, а вернее придуманный самим М. А. образ Ферапонта Бубенчикова — эдакого хвастливого развязного парня, которому все нипочем и о котором с лукавой усмешкой говорил М. А. в третьем лице: „Знайте Ферапонта Бубенчикова" или „Нам ни к чему, — сказал Ферапонт", „Не таков Ферапонт Бубенчиков"...

Спустя много лет я случайно натолкнулась на № 15 юмористической библиотеки „Смехач" (1926 г.), где напечатаны „Золотые корреспонденции Ферапонта Ферапонтовича Капорцева". Значит, стойко держался Ферапонт в голове Булгакова-журналиста. Да это и немудрено: увлекался он в 20-е годы небольшой примечательной книжкой — „Венедиктов, или достопамятные события жизни моей. Романтическая повесть, написанная ботаником X, иллюстрированная фитопатологом Y. Москва, V год республики." (РВЦ Москва) № 818. Напеч. 1000 экз. 1-ая Образцовая типография МСНХ, Пятницкая, 71.

В повести упоминается книголюб Ферапонтов, и это имя полюбилось, как видим, Булгакову.

Об этой повести я буду говорить позже.

Целая плеяда писателей вышла из стен „Гудка" (уж такая ему удача!). Там работали Михаил Булгаков, Юрий Олеша — тогда еще только фельетонист на злобу дня „Зубило", Валентин Катаев и позже брат его Евгений Петров... Трогательно вспоминает это время Олеша: „Одно из самых дорогих для меня воспоминаний моей жизни — это моя работа в „Гудке". Тут соединилось все: и моя молодость, и молодость моей советской Родины, и молодость нашей прессы, нашей журналистики..."

Значительно позже на каком-то празднестве „Гудка" Юрий Олеша прочел эпиграмму, посвященную Михаилу Булгакову:

Тогда, со всеми одинаков,
Пером заржавленным звеня,
Был обработчиком Булгаков,
Что стал сегодня злобой дня...

Писал Михаил Афанасьевич быстро, как-то залпом. Вот что он сам рассказывает по этому поводу: „...сочинение фельетона строк в семьдесят пять — сто отнимало у меня, включая сюда и курение, и посвистывание, от восемнадцати до двадцати минут. Переписка его на машинке, включая сюда и хихиканье с машинисткой, — восемь минут. Словом, в полчаса все заканчивалось". („Советские писатели", т.3 стр. 94).

Недавно я перечитала более ста фельетонов Булгакова, напечатанных в „Гудке". Подписывался он по-разному: иногда полным именем и фамилией, иногда просто одной буквой или именем Михаил, иной раз инициалами или: Эм, Эмма Б., Эм. Бе., М. Олл-Райт и пр. Несмотря на разные псевдонимы, узнать его „почерк" все же можно. Как бы сам Булгаков ни подсмеивался над своей работой фельетониста, она в его творчестве сыграла известную роль, сослужив службу трамплина для перехода к серьезной писательской деятельности. Сюжетная хватка, легкость диалога, выдумка, юмор — все тут.

На предыдущей странице я сказала, что мы любили прозвища. Как-то М. А. вспомнил детское стихотворение, в котором говорилось, что у хитрой злой орангутанихи было три сына: Мика, Мака и Микуха. И добавил: Мака — это я. Удивительнее всего, что это прозвище — с его же легкой руки — очень быстро привилось. Уже никто из друзей не называл его иначе, а самый близкий его друг Коля Лямин говорил ласково „Макин". Сам М. А. часто подписывался Мак или Мака. Я тоже иногда буду называть его так.

Мы живем на втором этаже. Весь верх разделен на три отсека: два по фасаду, один в стороне. Посередине коридор, в углу коридора — плита. На ней готовят, она же обогревает нашу комнату. В одной комнатушке живет Анна Александровна, пожилая, когда-то красивая женщина. В браке титулованная, девичья фамилия ее старинная, воспетая Пушкиным. Она вдова. Это совершенно выбитое из колеи, беспомощное существо, к тому же страдающее астмой. Она живет с дочкой: двоих мальчиков разобрали добрые люди. В другой клетушке обитает простая женщина, Марья Власьевна. Она торгует кофе и пирожками на Сухаревке. Обе женщины люто ненавидят друг друга. Мы — буфер между двумя враждующими государствами. Утром, пока Марья Власьевна водружает на шею сложное металлическое сооружение (чтобы не остывали кофе и пирожки), из отсека А. А. слышится не без трагической интонации:

— У меня опять пропала серебряная ложка!

— А ты клади на место, вот ничего пропадать и не будет,— уж на ходу басом говорит М. В.

Мы молчим. Я жалею Анну Александровну, но люблю больше Марью Власьевну. Она умнее и сердечнее. Потом мне нравится, что у нее под руками все спорится. Иногда дочь ее Татьяна, живущая поблизости, подкидывает своего четырехлетнего сына Витьку. Бабка обожает этого довольно противного мальчишку. М. А. любит детей и умеет с ними ладить, особенно с мальчиками. Здесь стоит вспомнить маленькую новеллу „Псалом", ошибочно в наши дни датированную 1926 годом. Не надо быть литературно прозорливым, чтобы заметить, что это более ранние годы — 23 или начало 24-го. В 1926 году М. А. таким стилем уже не писал (спешу уточнить „Псалом” был напечатан в „Накануне” в 1923 г., Берлин, 22 сентября, №661, стр.7).

Когда плаксивые вопли Витьки чересчур надоедают, мы берем его к себе в комнату и сажаем на ножную скамеечку. Здесь я обычно пасую, и Витька переходит целиком на руки М. А., который показывает ему фокусы. Как сейчас слышу его голос: „Вот коробочка на столе. Вот коробочка перед тобой... Раз! Два! Три! Где коробочка?”

Вспоминаю начало булгаковского наброска с натуры:

Вечер. Кран: кап... кап... кап...

Витька (скулит). Марья Власьевна...

М. Вл. Сейчас, сейчас, батюшка. Сейчас иду, Иисус Христос...

Ее дочь Татьяна — русская красавица. Русоволосая, синеглазая, статная. Героиня кольцовских стихов и гурилевских песен. М. А. говорит, что на нее приятно смотреть.

Внизу по фасаду живет человек с черной бородой и невидимым семейством. Под праздники они все заливисто поют деревенские песни. Когда возвращаешься домой, в окно виден медный начищенный самовар, увешанный баранками.

Под нами обитает молодой милиционер. Изредка он поколачивает свою жену — „учит”, по выражению Марьи Власьевны, — и тогда она ложится в сенях и плачет. Я было сунулась к ней с утешениями, но М. А. сказал: „Вот и влетит тебе, Любаша. Ни одно доброе дело не остается ненаказанным”. Хитрый взгляд голубых глаз в мою сторону и добавление: „Как говорят англичане”.

У всех обитателей „голубятни” свои гости: у М. Влас. — Татьяна с Витькой, изредка зять — залихватский парикмахер, живущий вполпьяна. Чаще всего к Анне Александровне под окно приходит ветхая, лет под 80 старушка. Кажется, дунет ветер — и улетит бывшая титулованная красавица-графиня. Она в черной шляпе с большими полями (может быть, поля держат ее в равновесии на земле?). Весной шляпу украшает пучок фиалок, а зимой на полях распластывается горностай. Старушка тихо говорит, глядя в окно голубятни: „L'Impératrice vous salue” и громко по-русски: „Императрица вам кланяется”. Из окон нижнего этажа высовываются любопытные головы... Что пригрезилось ей, старой фрейлине, о чем думает она, пока ее дочь бегает с утра до позднего вечера, давая уроки французского языка?

— Укроти старушку, — сказал мне М. А. — Говорю для ее же пользы...

Наши частые гости — Николай Николаевич Лямин и его жена, художница Наталия Абрамовна Ушакова. На протяжении всех восьми с лишним лет моего замужества за М. А. эти двое были наиболее близкими друзьями. Я еще не раз вернусь к их именам.

Бывал у нас нередко и киевский приятель М. А., друг булгаковской семьи хирург Николай Леонидович Глодыревский. Он работал в клинике профессора Мартынова и, возвращаясь к себе, по пути заходил к нам. М. А. всегда с удовольствием беседовал с ним. Вспоминаю, что описывая в повести „Собачье сердце" операцию, М. А. за некоторыми хирургическими уточнениями обращался к нему. Он же, Николай Леонидович Глодыревский, показал Маку профессору Алексею Васильевичу Мартынову, а тот положил его к себе в клинику и сделал операцию по поводу аппендицита. Все это было решено как-то очень быстро.

Мне разрешили пройти к М. А. сразу же после операции. Он был такой жалкий, такой взмокший цыпленок... Потом я носила ему еду, но он был все время раздражен, потому что голоден: в смысле пищи его ограничивали. Это не то, что теперь — котлету дают чуть ли не не второй день после операции. В эти же дни вышла детская книжка Софьи Федорченко. Там было сказано о тигре: „Всегда несытый, на весь мир сердитый". В точности мой Мака...

Позже, зимой, Глодыревский возил нас к проф. Мартынову на музыкальный вечер. К стыду своему, не помню — был ли это квартет или трио в исполнении самих врачей.

Не знаю, каким врачом был М. А., „лекарь с отличием", как он называет себя в своей автобиографии, но профессия врача, не говоря уже о более глубоком воздействии, очень помогала ему в описаниях, связанных с медициной. Вот главы „Цветной завиток" и „Персиков поймал" („Роковые яйца", изд. „Недра", 1925 г., М., стр.48-56). Профессор Персиков работает в лаборатории, и руки его необыкновенно умело обращаются с микроскопом. Это получается от того, что руки самого автора *умеют* по-настоящему обращаться с микроскопом. И также в сцене операции („Собачье сердце") автор *знает* и автор умеет. Кстати, читатель всегда чувствует и ценит эту осведомленность писателя.

Проблеме творческого гения человека, могуществу познания, торжеству интеллекта — вот чему посвящены залпом написанные фантастические повести „Роковые яйца" (1924 г., октябрь) и „Собачье сердце" (1925 г.), а позже пьеса „Адам и Ева" (1931 г.).

В первой повести — представитель науки зоолог профессор Персиков открывает неведомый до него луч, стимулирующий размножение, рост и необыкновенную жизнестойкость живых организмов.

„...Будем говорить прямо: вы открыли что-то неслыханое, — заявляет ученому его ассистент... Профессор Персиков, вы открыли луч жизни! Владимир Ипатьевич, герои Уэллса по сравнению с вами просто вздор..." („Роковые яйца", стр. 56-57).

И не вина Персикова, что по ошибке невежд и бюрократов произошла катастрофа, повлекшая за собой неисчислимое количество жертв, гибель изобретения и самого изобретателя.

Описывая наружность и некоторые повадки профессора Персикова, М. А. отталкивался от образа живого человека, родственника моего, Евгения Никитича Тарновского, о котором я написала в главе 1-й. Он тоже был профессором, но в области, далекой от зоологии: он был статистик-криминалист. Что касается его общей эрудиции, она была необыкновенна и, конечно, не могла не произвести впечатления на такого жадно воспринимающего все, творчески любознательного человека, каким был М. А.

„Ему (профессору Персикову — *Л. Б.*) было ровно 58 лет. Голова замечательная, толкачом, лысая, с пучками желтоватых волос, торчащими по бокам. Лицо гладко выбритое, нижняя губа выпячена вперед. От этого персиковское лицо вечно носило на себе несколько капризный отпечаток. На красном носу старомодные маленькие очки в серебряной оправе, глазки блестящие, небольшие, росту высокого, сутуловат. Говорил скрипучим, тонким, квакающим голосом и среди других странностей имел такую: когда говорил что-либо веско и уверенно, указательный палец правой руки превращал в крючок и щурил глазки. А так как он говорил всегда уверенно, ибо эрудиция в его области у него была совершенно феноменальная, то крючок очень часто появлялся перед глазами собеседников профессора Персикова... Читал профессор на четырех языках, кроме русского, а по-французски и по-немецки говорил, как по-русски" ("Роковые яйца", стр. 44-45).

Ученый а повести "Собачье сердце" — профессор-хирург Филипп Филиппович Преображенский, прообразом которому послужил дядя М.А.— Николай Михайлович Покровский, родной брат матери писателя, Варвара Михайловны, так трогательно названной "Светлой королевой" в романе "Белая гвардия".

Николай Михайлович Покровский, врач-гинеколог, в прошлом ассистент знаменитого профессора Снегирева, жил на углу Пречистенки и Обухова переулка, за несколько домов от нашей голубятни. Брат его, врач-терапевт, милейший Михаил Михайлович, холостяк, жил тут же. В этой же квартире нашли приют и две племянницы. Один из братьев М. А. (Николай) был тоже врачом.

Вот на личности младшего брата, Николая, мне и хочется остановиться. Сердцу моему всегда был мил благородный и уютный человек Николка Турбин (особенно по роману "Белая гвардия". В пьесе "Дни Турбиных" он гораздо более схематичен). В жизни мне Николая Афанасьевича Булгакова увидеть так и не довелось. Это младший представитель облюбованной в булгаковской семье профессии — доктор медицины, бактериолог, ученый и исследователь, умерший в Париже в 1966 году. Он учился в Загребском университете и там же был оставлен при кафедре бактериологии. Совместно с хорватом доктором Сертичем они осуществили несколько научных работ, на которые обратил внимание парижский ученый профессор д'Эрелль, открывший в 1917 бактериофаг.

Организовав в Париже свой собственный институт по изучению и производству бактериофага для лечебных целей, д'Эрелль пригласил к себе молодых ученых из Загреба.

Н. А. Булгаков занимался не только непосредственно бактериофагом, но и всеми научными аппаратами, схемы которых сам придумывал и рисовал.

В одной из своих книг профессор д'Эрелль рассказывает, как он прислал из Лондона в Париж культуры стрептококков с поручением найти разрушающий их бактериофаг. Через две недели поручение было выполнено. "Для того, чтобы сделать подобную работу, — пишет д'Эрелль, — нужно было быть Булгаковым с его способностями и точностью его методики".

В 1936 году профессор д'Эрелль послал вместо себя в Мексику для организации преподавания бактериологии Николая Афанасьевича Булгакова, который справился и с этой задачей, учредив там бактериологическую лабораторию. Спустя полгода он уже читал лекции на испанском языке. Во время немецкой оккупации Франции Н. А., югославский подданный, был отправлен как заложник в лагерь около Компьена. Там он работал врачом и проявил себя необыкновенно добрым человеком, откликаясь на всякую беду. Так говорят близко знавшие его.

По окончании войны специальная американская комиссия, заинтересованная в ввозе бактериофага в США, приехала в Париж для осмотра лаборатории. Н. А. Булгаков показал американцам не только свою богатую коллекцию живых микробов, но также и работу машин, стерильно наполняющих и запаивающих ампулы бактериофага. Вопрос о ввозе этого препарата в США был решен положительно...

Иногда я представляю себе, какой радостной могла бы быть встреча братьев! Вот они идут по берегу Сены — старший и младший — и говорят, говорят без конца... Побывать в Париже было всегда вожделенной мечтой писателя Булгакова, поклонника и знатока Мольера. Не случайно на книге первой романа „Дни Турбиных" (под таким названием парижское издательство „Конкорд" выпустило „Белую гвардию" в 1927г.) написано: „Жене моей дорогой Любаше экземпляр, напечатанный в моем недостижимом городе. 3 июля 1928 г." В том же году М. А. сделал мне трогательную надпись на сборнике „Дьяволиада": „Моему другу, светлому парню Любочке, а также и Муке. М.Булгаков, 27 марта 1928 г., Москва." Мука — это кошка, о которой я буду упоминать еще не раз...

Но вернемся к Филиппу Филипповичу Преображенскому, или к Николаю Михайловичу Покровскому. Он отличался вспыльчивым и непокладистым характером, что дало повод пошутить одной из племянниц: „На дядю Колю не угодишь, он говорит: не смей рожать и не смей делать аборт". Оба брата Покровских пользовали всех своих многочисленных родственниц.

На Николу зимнего все собирались за именинным столом, где, по выражению М. А., „восседал как некий бог Саваоф" сам именинник. Жена его, Мария Силовна, ставила на стол пироги. В одном из них запекался серебряный гривенник. Нашедший его считался особо удачливым, и за его здоровье пили. Бог Саваоф любил расска незамысловатый анекдот, исказив его до неузнаваемости, чем вызывал смех молодой веселой компании.

Так и не узнал до самой смерти Николай Михайлович Покровский, что послужил прообразом гениального хирурга Филиппа Филипповича Преображенского, превратившего собаку в человека, сделав ей операцию на головном мозгу. Но ученый ошибся: он не учел законов наследственности и, пересаживая собаке гипофиз умершего человека, привил вновь созданному существу пороки покойного: склонность ко лжи, к воровству, грубость, алкоголизм, потенциальную склонность к убийству. Из хорошего пса получился дрянной человек! И тогда хирург решается превратить созданного им человека опять в собаку. Сцену операции — операции, труднейшей за всю его практику, по заявлению самого Преображенского, — нельзя читать без волнения.

Третий гениальный изобретатель — профессор химии, академик Ефросимов в фантастической пьесе „Адам и Ева" (1931 г.).

Позже я более подробно остановлюсь на этом произведении М. А.

Напечатав „Роковые яйца" в издательстве „Недра", главный его редактор Николай Семенович Ангарский (Клестов) хотел напечатать и „Собачье сердце". Я не знаю, какие инстанции, кроме внутренних редакционных, проходила эта повесть, но время шло, а с опубликованием ее ничего не выходило. Как-то на голубятне появился Ангарский и рассказал, что много хлопочет в высоких инстанциях о напечатании „Собачьего сердца", да вот что-то не получается.

Мы очень оценили эти слова: в них чувствовалась искренняя заинтересованность.

По правде говоря, я слегка побаивалась этого высокого человека с рыжей мефистофельской бородкой: уж очень много говорилось тогда о его нетерпимости и резком характере. Как-то, смеясь, М. А. рассказал анекдот о Н. С. Ангарском. В редакцию пришел автор с рукописью.

Н. С. ему еще издали:

— Героиня Нина? Не надо!

Но вот после одного вечера, когда собрались сотрудники редакции (помню Бориса Леонтьевича Леонтьева, Наталью Павловну Витман и милого человека, секретаря редакции Петра Никаноровича Зайцева), мне довелось поговорить с Ангарским о литературе и по немногим его словам я поняла, как он знает ее и любит *настоящей* — не конъюнктурной — любовью. С этого вечера я перестала его побаиваться и по сию пору с благодарностью вспоминаю его расположение к М. А., которое можно объяснить все той же любовью к русской литературе.

Как-то Н.С., его жена, очень симпатичная женщина-врач, и трое детей на большой открытой машине заехали за нами, чтобы направиться в лес за грибами. Приехали в леса близ Звенигорода. Дети с корзинкой побежали на опушку и вернулись с маслятами. Н. С. сказал: „Это не грибы!” и все выкинул к великому разочарованию ребят. Надо было видеть их вытянутые мордочки!

Мы украдкой переглянулись с М. А. и оба вспомнили ”героиню Нину” и много раз потом вспоминали крутой нрав Николая Семеновича, проявлявшийся, надо думать, не в одних грибах... Погиб он, как я слышала, в сталинское лихолетье.

Приблизительно в то же время мы познакомились с Викентием Викентьевичем Вересаевым. Он тоже очень доброжелательно относился к Булгакову. И если направленность их творчества была совершенно различна, то общность переживаний, связанных с первоначальной профессией врача не могла не роднить их. Стоит только прочесть „Записки врача” Вересаева и „Рассказы юного врача” Булгакова.

Мы бывали у Вересаевых не раз. Я прекрасно помню его жену Марию Гермогеновну, которая умела улыбаться как-то особенно светло. Вспоминается длинный стол. Среди гостей бросается в глаза красивая седая голова и контрастно черные брови известного пушкиниста профессора Мстислава Александровича Цявловского, рядом с которым сидит, прильнувши к его плечу, женственная жена его, Татьяна Григорьевна Зенгер, тоже пушкинистка. Помню, как Викентий Викентьевич сказал: „Стоит только взглянуть на портрет Дантеса, как сразу станет ясно, что это внешность настоящего дегенерата!”

Я было открыла рот, чтобы, справедливости ради, сказать вслух, что Дантес очень красив, как под суровым взглядом М. А. прикусила язык.

Мне нравился Вересаев. Было что-то добротное во всем его облике старого врача и революционера. И если впоследствии (так мне говорили) между ними пробежала черная кошка, то об этом можно только пожалеть...

Делаю отступление: передо мной журнал „Вопросы литературы” (№3, 1965г.), где опубликована переписка Булгакова и Вересаева по поводу совместного авторства (пьеса „Пушкин”), переписка, проливающая свет на „черную кошку”. Сначала была договоренность: пушкинист Вересаев — источник всех сведений, консультант. Булгаков — драматург, т. е. лицо, претворяющее эти сведения в сценическую форму. Что же происходило на самом деле? Вначале все шло как будто бы благополучно, но вот своеобразный, необычный подход Булгакова к драматургическому образу Пушкина начинает понемногу раздражать Вересаева, и ему как писателю границы консультанта начинают казаться уже слишком узкими. Он невольно, и подчас довольно резко, вторгается в область драматурга, но наталкивается на яростное сопротивление Булгакова. Особым яблоком раздора послужил образ Дантеса.

Тон писем обоих писателей сдержанно-раздраженный, и, думается мне, горьковатый осадок остался у обоих. В конечном итоге М. А. „отбился” от нападок Викентия Викентьевича: его талант драматурга, знание и чувство сцены дали ему преимущество в полемике.

Последнее короткое письмо Вересаева датировано 12 марта 1939 года, т. е. за год до смерти М. А. Не знаю, видел ли на сцене пьесу Вересаев, но Булгаков до премьеры не дожил.

Обращаюсь опять к прерванному рассказу. Время шло, и над повестью „Собачье сердце" сгущались тучи, о которых мы и не подозревали.

„В один прекрасный вечер", — так начинаются все рассказы, — в один непрекрасный вечер на голубятню постучали (звонка у нас не было) и на мой вопрос „кто там?" бодрый голос арендатора ответил: „Это я, гостей к вам привел!"

На пороге стояли двое штатских: человек в пенсне и просто невысокого роста человек — следователь Славкин и его помощник с обыском. Арендатор пришел в качестве понятого. Булгакова не было дома, и я забеспокоилась: как-то примет он приход „гостей", и попросила не приступать к обыску без хозяина, который вот-вот должен придти.

Все прошли в комнату и сели. Арендатор развалясь на кресле, в центре. Личность это была примечательная, на язык несдержанная, особенно после рюмки-другой... Молчание. Но длилось оно, к сожалению, недолго.

— А вы не слыхали анекдота, — начал арендатор...

(„Пронеси, господи!" — подумала я).

— Стоит еврей на Лубянской площади, а прохожий его спрашивает: „Не знаете ли вы, где тут Госстрах?"

— Госстрах не знаю, а госужас вот...

Раскатисто смеется сам рассказчик. Я бледно улыбаюсь. Славкин и его помощник безмолвствуют. Опять молчание — и вдруг знакомый стук.

Я бросилась открывать и сказала шопотом М. А.:

— Ты не волнуйся, Мака, у нас обыск.

Но он держался молодцом (дергаться он начал значительно позже). Славкин занялся книжными полками. „Пенсне" стало переворачивать кресла и колоть их длинной спицей.

И тут случилось неожиданное. М. А. сказал:

— Ну, Любаша, если твои кресла выстрелят, я не отвечаю. (Кресла были куплены мной на складе бесхозной мебели по 3 р. 50 коп. за штуку).

И на нас обоих напал смех. Может быть, и нервный.

Под утро зевающий арендатор спросил:

— А почему бы вам, товарищи, не перенести ваши

операции на дневные часы?

Ему никто не ответил... Найдя на полке „Собачье сердце” и дневниковые записи, „гости” тотчас же уехали.

По настоянию Горького, приблизительно через два года „Собачье сердце” было возвращено автору...

Однажды на голубятне появилось двое — оба высоких, оба очень разных. Один из них молодой, другой значительно старше. У молодого брюнета были темные дремучие глаза, острые черты и высокомерное выражение лица. Держался он сутуловато (так обычно держатся слабогрудые, склонные к туберкулезу люди). Трудно было определить его национальность: грузин, еврей, румын — а, может быть, венгр? Второй был одет в мундир тогдашних лет — в толстовку — и походил на умного инженера.

Оба оказались из Вахтанговского театра. Помоложе — актер Василий Васильевич Куза (впоследствии погибший в бомбежку в первые дни войны); постарше — режиссер Алексей Дмитриевич Попов. Они предложили М. А. написать комедию для театра.

Позже, просматривая как-то отдел происшествий в вечерней „Красной газете” (тогда существовал таковой), М. А. натолнулся на заметку о том, как милиция раскрыла карточный притон, действующий под видом пошивочной мастерской в квартире некой Зои Буяльской. Так возникла отправная идея комедии „Зойкина квартира”. Все остальное в пьесе — интрига, типы, ситуация — чистая фантазия автора, в которой с большим блеском проявились его талант и органическое чувство сцены. Пьеса была поставлена режиссером Алексеем Дмитриевичем Поповым 28 октября 1926 года.

Декорации писал недавно умерший художник Сергей Петрович Исаков. Надо отдать справедливость актерам — играли они с большим подъемом. Конечно, на фоне положительных персонажей, которыми была перенасыщена советская сцена тех лет, играть отрицательных было очень увлекательно (у порока, как известно, больше сценических красок!). Отрицательными здесь были все: Зойка, деловая, разбитная хозяйка квартиры, под маркой швейной мастерской открывшая дом свиданий (Ц. Л. Мансурова), кузен ее Аметистов, обаятельный авантюрист и веселый человек, случайно прибившийся к легкому Зойкиному хлебу (Рубен Симонов). Он будто с трамплина взлетал и садился верхом на пианино, выдумывал целый каскад трюков, смешивших публику; дворянин Обольянинов, Зойкин возлюбленный, белая ворона среди нэпманской накипи, но безнадежно увязший в этой порочной среде (А. Козловский), председатель домкома Аллилуйя, „Око недреманное", пьяница и взяточник (Б. Захава).

Хороши были китайцы из соседней прачечной (Толчанов и Горюнов), убившие и ограбившие богатого нэпмана Гуся. Не отставала от них в выразительности и горничная (В. Попова), простонародный говорок которой как нельзя лучше подходил к этому образу. Конечно, всех их в финале разоблачают представители МУРа.

Вот уж, подлинно можно сказать, что в этой пьесе голубых ролей не было! Она пользовалась большим успехом и шла два с лишним года. Положив руку на сердце, не могу понять, в чем ее криминал, почему ее запретили.

Вспоминается кроме актерской игры необыкновенно удачно воссозданный городской шум, врывающийся в широко раскрытое окно квартиры, а попутно на память приходит и небольшой слегка комический штрих.

Несколько первых публичных репетиций Мансурова играла почти без грима, но затем режиссер А. Д. Попов потребовал изменить ее внешность. Был налеплен нос (к немалому огорчению актрисы). Хоть это и звучит смешно, но нос „уточкой" как-то углубил комедийность образа. Повидимому, такого результата и добивался режиссер.

„Думая сейчас о том, почему спектакль подвергся такой жестокой критике, — пишет в своей книге „Вся жизнь" (Всероссийское театральное общество, М., 1967, стр. 426), режиссер и актриса МХАТ М. Кнебель, — я прихожу к убеждению, что одной из причин этого был сам жанр, вернее — непривычность его". Это один ее довод, а вот второй: актриса Вахтанговского театра А. А. Орочко своей игрой переключила отрицательный образ (Алла) на положительное звучание. И сделала это так выразительно, что способствовала будто бы этим снятию пьесы. Это, конечно, неверно. Я, например, да и многие мои друзья, Орочко в этой роли вообще не помним. Впоследствии А. Д. Попов от своей

постановки „Зойкиной квартиры" отрекся. „Отречение режиссера — дань времени," — говорит Кнебель. Она не дого-
варивает: дань времени — это остракизм, пока еще не полный, которому подвергнется творчество Михаила Афанасьевича Булгакова.

ЧТЕНИЕ У ЛЯМИНЫХ

К 1925 году относится знакомство М. А., а затем и длительная дружба с Николаем Николаевичем Ляминым. Вот сборник „Дьяволиада" („Недра", 1925 г.) с трогательной надписью: „Настоящему моему лучшему другу Николаю Николаевичу Лямину. Михаил Булгаков, 1925 г., 18 июля, Москва". Познакомились они у писателя Сергея Сергеевича Заяицкого, где Булгаков читал отрывки из „Белой гвардии". В дальнейшем все или почти все, что было им написано, он читал у Ляминых (Николая Николаевича и жены его художницы Наталии Абрамовны Ушаковой): „Белую гвардию" (отрывки), „Роковые яйца", „Собачье сердце", „Зойкину квартиру", „Багровый остров", „Мольера", „Консультанта с копытом", легшего в основу романа „Мастер и Маргарита".

Мне он сказал перед первым чтением, что слушать его будут люди „высокой квалификации" (я еще не была вхожа в этот дом). Такое выражение, совершенно не свойственное М. А., заставило меня особенно внимательно приглядываться к слушателям.

Помню остроумного и веселого Сергея Сергеевича Заяицкого; громогласного Федора Александровича Петровского, филолога-античника, преподавателя римской литературы в МГУ; Сергея Васильевича Шервинского, поэта и переводчика; режиссера и переводчика Владимира Эмильевича Морица и его обаятельную жену Александру Сергеевну. Бывали там искусствоведы Андрей Александрович Губер, Борис Валентинович Шапошников, Александр Георгиевич Габричевский, позже член-корреспондент Академии архитектуры; писатель Владимир Николаевич Владимиров (Долгорукий), переводчик и наш „придворный" поэт; Николай Николаевич Волков, философ и художник; Всеволод Михайлович Авилов, сын писательницы Лидии Авиловой (о которой так восторженно отзывался в своих воспоминаниях И. А. Бунин). По просьбе аудитории В. М. Авилов неизменно читал детские стихи про лягушечку.

Вспоминается мне и некрасивое, чисто русское, даже простоватое, но бесконечно милое лицо Анны Ильиничны

Толстой. Один писатель в своих „Литературных воспоминаниях” (и видел-то он ее всего один раз!) отдал дань шаблону: раз внучка Льва Толстого, значит *высокий* лоб; раз графиня, значит *маленькие* аристократические руки. Как раз наоборот: лоб низкий, руки большие, мужские, но красивой формы. М. А. говорил о ее внешности „вылитый дедушка, не хватает только бороды”. Иногда Анна Ильинична приезжала с гитарой. Много слышала я разных исполнительниц романсов и старинных песен, но так, как пела наша Ануша, — никто не пел! Я теперь всегда выключаю радио, когда звучит, например, „Калитка” в современном исполнении. Мне делается неловко. А. И. пела очень просто, но как будто голосом ласкала слова. Получалось как-то особенно задушевно. Да это и немудрено: в толстовском доме любили песню. До 16 лет Анна Ильинична жила в Ясной. Любил ее пение и Лев Николаевич. Особенно полюбилась ему песня „Весна идет, манит, зовет”, — так мне рассказывала Анна Ильинична, с которой я очень дружила. Рядом с ней ее муж: логик, философ, литературовед Павел Сергеевич Попов, впоследствии подружившийся с М. А. Иногда ей аккомпанировал Николай Петрович Шереметьев (симпатичный человек), иногда художник Сергей Сергеевич Топленинов, а чаще она сама перебирала струны. Когда она была маленькой и ее спрашивали: „Кем ты хочешь быть, когда вырастешь?”, она отвечала: „лошадью или певицей”.

Так же просто пел Иван Михайлович Москвин, но все равно, у А. И. получалось лучше.

Помню, как Михаил Афанасьевич повез меня в первый раз знакомиться к Анне Ильиничне Толстой и к мужу ее Павлу Сергеевичу Попову. Жили они тогда в Плотниковом переулке, №10, на Арбате, в подвальчике, впоследствии воспетом в романе „Мастер и Маргарита”. Уж не знаю, чем так приглянулся подвальчик Булгакову. Одна комната в два окна была, правда, пригляднее, чем другая, узкая как кишка...

В коридоре лежал, раскинув лапы, щенок-боксер Григорий Потапыч. Он был пьян.

— Я выставила в коридор крюшон: там холоднее, — сказала хозяйка. — А он налакался.

В столовой сидел красивый молодой человек и добродушно улыбался. Это друг семьи — Петя Туркестанов. Были в этот вечер и Лямины.Тогда я еще не предчувствовала, что на долгие годы подружусь с Анной Ильиничной Толстой и так больно переживу ее смерть...

Вспоминается жадно и много курящая писательница Наталия Алексеевна Венкстерн и друг юности Н. Н. Лямина известный знаток Шекспира М. М. Морозов, человек, красивый какой-то дикой тревожной красотой.

Бывали у Ляминых и актеры: Иван Михайлович Москвин, Виктор Яковлевич Станицын, Михаил Михайлович Яншин, Цецилия Львовна Мансурова и Елена Дмитриевна Понсова.

Слушали внимательно, юмор схватывали на лету. Читал М. А. блестяще: выразительно, но без актерской аффектации, к смешным местам подводил слушателей без нажима, почти серьезно — только глаза смеялись...

Наступило лето, а куда ехать — неизвестно. В воздухе прямо носилось слово „Коктебель”: многие говорили о том, что поэт Максимилиан Волошин совершенно безвозмездно предоставил все свое владение в Коктебеле в пользование писателей. Мы купили путеводитель по Крыму д-ра Саркисова-Серазини. О Коктебеле было сказано, что природа там крайне бедная, унылая. Прогулки совершать некуда. Даже за цветами любители ходят за много километров. Неприятность от пребывания в Коктебеле усугубляется еще тем, что здесь дуют постоянные ветры. Они действуют на психику угнетающе, и лица с неустойчивой нервной системой возвращаются после поездки в Коктебель еще с более расшатанными нервами. Цитирую вольно, но в основном правдиво.

Мы с М. А. посмеялись над „беспристрастностью” д-ра Саркисова-Серазини, и, несмотря на „напутствие” друга Коли Лямина, который говорил: „Ну, куда вы едете? Крым — это сплошная пошлость. Одни кипарисы чего стоят!”, мы решили: едем все-таки к Волошину. В поэзии это звучало так:

> Дверь отперта. Переступи порог.
> Мой дом открыт навстречу всех дорог.
>
> (М.Волошин „Дом поэта”, 1926 г.)

В прозе же выглядело более буднично и деловито:
„Прислуги нет. Воду носить самим. Совсем не курорт. Свободное дружеское сожитие, где каждый, кто придется „ко двору”, становится полноправным членом. Для этого же требуется: радостное приятие жизни, любовь к людям и внесение своей доли интеллектуальной жизни”. (Из частного письма М. Волошина. 24 мая 1924 г.).

И вот через Феодосию — к конечной цели.

В отдалении от моря — селение. На самом берегу — дом поэта Волошина.

Еще с детства за какую-то клеточку мозга зацепился на всю жизнь образ юноши поэта Ленского: „всегда восторженная речь и кудри черные до плеч." А тут перед нами стоял могучий человек, с брюшком, в светлой длинной подпоясанной рубахе, в штанах до колен, широкий в плечах, с широким лицом, с мускулистыми ногами, обутыми в сандалии. Да и бородатое лицо было широколобое, широконосое. Грива русых с проседью волос перевязана на лбу ремешком, — и похож он был на доброго льва с небольшими умными глазами. Казалось, он должен заговорить мощным зычным басом, но говорил он негромко и чрезвычайно интеллигентным голосом (он и стихи так читал — без нажима, сдержанно, хотя писатель И. А. Бунин в своих воспоминаниях (т. 9 полного собрания сочинений, стр. 425), кстати сказать, недоброжелательных по тону, говорит, что Волошин, читая свои стихи... „делал лицо олимпийца, громовержца и начинал мощно и томно завывать... Кончая, сразу сбрасывал с себя эту грозную и важную маску..." (Скажу попутно: ничего деланного, нарочитого, наблюдая ежедневно Максимилиана Александровича в течение месяца, мы не заметили. Наоборот, он казался естественно-гармоничным, несмотря на свою экстравагантную внешность).

В тени его монументальной фигуры поодаль стояла небольшая женщина в тюбетейке на стриженых волосах — тогда стриженая женщина была редкостью. Всем своим видом напоминала она курсистку начала века с Бестужевских курсов. Она приветливо нам улыбнулась. Это — Мария Степановна, жена Максимилиана Волошина.

За основным зданием, домом поэта, в глубине стоит двухэтажный дом, а ближе — тип татарской сакли — домик без фундамента, давший приют только что женившемуся Леониду Леонову и его тоненькой как тростиночка жене, которая мило пришепетывает, говорит „черефня" вместо черешня, да и сам Леонид Максимович не очень-то дружит с шипящими. Нам с М. А. это нравится, и мы между собой иногда так разговариваем.

Нас поселили в нижнем этаже дальнего двухэтажного дома. Наш сосед — поэт Георгий Аркадьевич Шенгели, а позже появилась и соседка, его жена, тоже поэтесса, Нина Леонтьевна, если память меня не подводит. Очень симпатичная женственная особа.

Приехала художница Анна Петровна Остроумова-Лебедева со своим мужем Сергеем Васильевичем Лебедевым впоследствии прославившим свое имя как ученого-химика созданием синтетического каучука. Необыкновенно милая пара. Она — маленькая, некрасивая, но обаятельная; он — стройный красивый человек. Всем своим обращением, манерами они подтверждают истину — чем значительней внутренний багаж человека, тем добрее, шире, снисходительней он по отношению к другим людям (на протяжении всей жизни эта истина не обманула меня ни разу).

Если сказать правду, Коктебель нам не понравился. Мы огляделись: не только пошлых кипарисов, но вообще никаких деревьев не было, если не считать чахлых, раскачиваемых ветром насаждений возле самого дома Макса. Это питомцы покойной матери поэта Елены Оттобальдовны (в семейном быту называемой „Пра"). Какую радость испытала бы она, доведись ей увидеть густой парк, ныне окружающий дом. Когда я смотрю на современную фотографию дома поэта, утопающего в зелени, меня не оставляет мысль о чуде.

Итак, мы огляделись: никаких ярких красок, все рыжевато-сероватое. „Первозданная красота", по выражению Максимилиана Александровича. Как он любил этот уголок Крыма! А ведь немало побродил он по земле, немало красоты видел он и дома и за границей. Вот он у себя в мастерской, окна которой выходят на самое море (и подумать только — никогда никакой пыли).

Он читает стихи.

Старинным золотом и желчью напитал
Вечерний свет холмы. Зардели красны, буры
Клоки косматых трав, как пряди рыжей шкуры.
В огне кустарники и воды, как металл.

(Из цикла „Киммерийские сумерки")

Мы слушаем. Мы — это Анна Петровна Остроумова-Лебедева, Дора Кармен, мать теперь известного киноработника, Ольга Федоровна Головина, я и еще кто-то, кого не помню. Но ни Леонова, ни Шенгели, ни Софьи Захаровны Федорченко, ни М. А. на этих чтениях я не видела.

Этим я напоминаю о том, что жадного тяготения к поэзии у М. А. не было, хотя он прекрасно понимал, что хорошо, а что плохо, и сам мог при случае прибегнуть к стихотворной форме. Помню как-то, сидя у Ляминых, М. А. взял книжечку одного современного поэта и прочел стихотворение сначала как положено — сверху вниз, а затем снизу вверх. И получился почти один и тот же смысл.

— Видишь, Коля, вот и выходит, что этот поэт вовсе и не поэт, — сказал он...

...Просыпаясь в Коктебеле рано, я неизменно пугалась, что пасмурно и будет плохая погода, но это с моря надвигался туман. Часам к десяти пелена рассеивалась и наступал безоблачный день. Длинный летний день...

Конечно, мы, как и все, заболели типичной для Коктебеля ,,каменной болезнью''. Собирали камешки в карманы, в носовые платки, считая их по красоте ,,венцом творенья'', потом вытряхивали свою добычу перед Максом, а он говорил, добродушно улыбаясь:

— Самые вульгарные собаки!

Был низший класс — собаки, повыше — лягушки и высший — сердолики.

Ходили на Кара-Даг. Впереди необыкновенно легко шел Максимилиан Александрович. Мы все пыхтели и обливались потом, а Макс шагал как ни в чем не бывало, и жара была ему нипочем. Когда я выразила удивление, он объяснил мне, что в юности ходил с караваном по Средней Азии.

Кара-Даг — потухший вулкан.

>...И недр изверженных порывом,
>Трагическим и горделивым —
>Взметнулись вихри древних сил...

Такие строки у Волошина.

Зрелище величественное, волнующее. Застывшая лава в кратере — да ведь это же химеры парижской Нотр-Дам. Как сладко потянуло в эту живописную бездну!

— Вот это и есть головокружение, — объяснил мне М. А., отодвигая меня от края.

Он не очень-то любил дальние прогулки. Кроме Кара-Дага мы все больше ходили по бережку, изредка, по мере надобности, купаясь. Но самое развлекательное занятие была ловля бабочек. Мария Степановна снабдила нас сачками.

Вот мы взбираемся на ближайшие холмы — и начинается потеха. М. А. загорел розовым загаром светлых блондинов. Глаза его кажутся особенно голубыми от яркого света и от голубой шапочки, выданной ему все той же Марией Степановой.

Он кричит:

— Держи! Лови! Летит „сатир"!

Я взмахиваю сачком, но не тут-то было: на сухой траве здорово скользко и к тому же покато. Ползу куда-то вниз. Вижу, как на животе сползает М. А. в другую сторону. Мы оба хохочем. А „сатиры" беззаботно порхают себе вокруг нас.

Впоследствии сестра М. А. Надежда Афанасьевна рассказала, что когда-то, в студенческие годы, бабочки были увлечением ее брата, и в свое время коллекция их была подарена Киевскому университету.

Уморившись, мы идем купаться. В самый жар все прячутся по комнатам. Ведь деревьев нет, а значит, и тени нет. У нас в комнате не жарко, пахнет полынью от влажного веника, которым я мету свое жилье.

Как-то Анна Петровна Остроумова-Лебедева выразила желание написать акварельный портрет М. А.

Он позирует ей в той же шапочке с голубой оторочкой, на которой нашиты коктебельские камешки. Помнится, портрет тогда мне нравился.

В 1968 году мне довелось увидеть его после перерыва в несколько десятилетий, и я удивилась, как мог он мне так нравиться! Не раз во время сеансов Анна Петровна — хорошая рассказчица — вспоминала поэта Брюсова. Он говорил ей о том, что, изучая оккультные науки, он приоткрыл завесу потустороннего мира и проник в его глубины. Но горе непосвященным — возвещал он — кто без подготовки дерзнет посягнуть на эти глубины... Признаюсь, я не без придыхания слушала Анну Петровну. М. А. помалкивал. А вот сегодня, я держу в руках книгу Эренбурга „Люди, годы, жизнь" (т.т.1-2, стр.365) и читаю: „Окруженный поэтами, охваченными мистическими настроениями, он (Брюсов) начал изучать „оккультные науки" и знал все

В · Э · Д · Э

МУКА
МАКИ

рис. Н. Ушаковой

19   27 г.

особенности инкубов и суккубов, заклинания, средневековую ворожбу''. И те далекие беседы во время сеансов обретают иную окраску и иное звучание. Невольно вспоминается брюсовский ,,Огненный ангел''...

Из женского населения волошинского дома первую скрипку играла Наталия Алексеевна Габричевская. Внешность ее броская: кожа гладкая, загорелая, цвет лица прекрасный, глаза большие, выпуклые, брови выписанные. На голове яркая повязка. Любит напевать пикантные песенки — я слышу иногда взрыв мужского смеха из окон нижнего этажа, где живут Габричевские. К женщинам иного плана она относится с легким презрением, называя их, как меня, например, ,,дамочкой с цветочками''. Раз только и не надолго мы с ней объединились: на татарский праздник (байрам, рамазан?), уж не помню, в Верхних или Нижних Отузах, надев на себя татарское платье, мы вместе плясали хайтарму (и плясали плохо)... Было бы просто несправедливо, вспоминая Наталью Александровну тех лет, не перекинуть мостика в современность.

В марте 1968 года я побывала на выставке ее картин. Как это ни звучит странно, но уже в пожилом возрасте у нее ,,прорезался'' талант художника.

Я смело могу сказать это ответственное слово, потому что рисунки ее действительно талантливы — остро сатирические, написанные в стиле декоративного примитива. Больше всего мне понравился портрет маслом актера Румнева. Он изображен в розовой рубашке и круглой соломенной шляпе, поля которой не поместились в рамке изображения. Оттого ли, что шляпа напомнила солнечный диск, оттого ли, что на картине нет ни одного теневого мазка, мной овладело ощущение горячего летнего дня.

Муж ее, Александр Георгиевич, искусствовед и поклонник красоты, мог воспеть архитектонику какой-нибудь крымской серой колючки, восхищенно поворачивая ее во все стороны и грассируя при этом с чисто французским изяществом.

В музее Изобразительных искусств им. Пушкина, в зале французской живописи, стоит мраморная скульптура Родена — грандиозная мужская голова с обильной шевелюрой. Это бюст Георгия Норбертовича Габричевского, врача, одного из основоположников русской микробиологии.

Габричевский-сын совсем не походил на мраморный портрет своего отца. Он был лысоват и рыхловат, несмотря на молодой возраст — было ему в ту пору года 32-33.

С этой парой мы уже встречались у Ляминых.

Жили мы все в общем мирно. Если не было особенно дружеских связей, то не было и взаимного подкусывания. Чета Волошиных держалась с большим тактом: со всеми ровно и дружелюбно.

Как-то Максимилиан Александрович подошел к М. А. и сказал, что с ним хочет познакомиться писатель Александр Грин, живший тогда в Феодосии, и появится он в Коктебеле в такой-то день. И вот пришел бронзово-загорелый, сильный, немолодой уже человек в белом кителе, в белой фуражке, похожий на капитана большого речного парохода. Глаза у него были темные, невеселые, похожие на глаза Маяковского, да и тяжелыми чертами лица напоминал он поэта. С ним пришла очень привлекательная вальяжная русая женщина в светлом кружевном шарфе. Грин представил ее как жену. Разговор, насколько я помню, не очень-то клеился. Я заметила за М. А. ясно проступавшую в те времена черту: он значительно легче и свободней чувствовал себя в беседе с женщинами. Я с любопытством разглядывала загорелого „капитана" и думала: вот истинно нет пророка в своем отечестве. Передо мной писатель-колдун, творчество которого напоено ароматом далеких фантастических стран. Явление вообще в нашей оседлой литературе заманчивое и редкое, а истинного признания и удачи ему в те годы не было. Мы пошли проводить эту пару. Они уходили рано, так как шли пешком. На прощание Александр Степанович улыбнулся своей хорошей улыбкой и пригласил к себе в гости:

— Мы вас вкусными пирогами угостим!

И вальяжная подтвердила:

— Обязательно угостим!

Но так мы и уехали, не повидав вторично Грина (о чем я жалею до сих пор). Если бы писательница Софья Захаровна Федорченко — женщина любопытная — не была больна, она, возможно, проявила бы какой-то интерес к посещению Грина. Но она болела, лежала в своей комнате, капризничала и мучила своего самоотверженного мужа Николая Петровича.

Не выказали особой заинтересованности и другие обитатели дома Волошина.

На нашем коктебельском горизонте еще мелькнула красивая голова Юрия Слезкина. Мелькнула и скрылась...

Яд волошинской любви к Коктебелю постепенно и назаметно начал отравлять меня. Я уже находила прелесть в рыжих холмах и с удовольствием слушала стихи Макса:

> ...Моей мечтой с тех пор напоены
> Предгорий героические сны
> И Коктебеля каменная грива;
> Его полынь хмельна моей тоской,
> Мой стих поет в строфах его прилива,
> И на скале, замкнувшей зыбь залива,
> Судьбой и ветрами изваян профиль мой.
>
> „Коктебель".

Но М. А. оставался непоколебимо стойким в своем нерасположении к Крыму. Передо мной его письмо, написанное спустя пять лет, где он пишет: „Крым, как всегда, противненький..." И все-таки за восемь с лишним лет совместной жизни мы три раза ездили в Крым: в Коктебель, в Мисхор, в Судак, а попутно заглядывали в Алупку, Феодосию, Ялту, Севастополь... Дни летели, и надо было уезжать.

Снова Феодосия.

До отхода парохода мы пошли в музей Айвазовского, и оба очень удивились, обнаружив, что он был таким прекрасным портретистом... М. А. сказал, что надо, во избежание морской болезни, плотно поесть. Мы прошли в столовую парохода. Еще у причала его уже начало покачивать. Вошла молодая женщина с грудным ребенком, села за соседний столик. Потом внезапно побелела, ткнула запеленутого младенца в глубь дивана и, пошатываясь, направилась к двери.

— Начинается, — зловещим голосом сказал М. А. Прозвучал отходной гудок. Мы вышли на палубу. За бортом горбами ходили серые волны. Дождило.

М. А. сказал:

— Если качка носовая, надо смотреть вот в эту точку. А если бортовая — надо смотреть вот туда.

— О, да ты морской волк! С тобой не пропадешь, — сказала я и побежала по пароходу. Много народу уже полегло. Я чувствовала себя прекрасно и поступила в распоряжение помощника капитана, упитанного, розового, с сияющим прыщом на лбу. Он кричал:

— Желтенькая! (я была в желтом платье). Сюда воды! Желтенькая, скорее!

И так далее.

Было и смешное. Пожилая женщина лежала на полу на самом ходу. Помощник капитана взял ее под мышки, а я за ноги, чтобы освободить проход. Женщина открыла мутные глаза и сказала с мольбой:

— Не бросайте меня в море...

— Не бросим, мамаша, не бросим! — успокоил ее пом.

Я пошла проведать своего „морского волка". Он сидел там, где я его оставила.

— Макочка, — сказала я ласково, опираясь на его плечо. — Смотри, смотри! Мы проезжаем Кара-Даг!

Он повернул ко мне несчастное лицо и произнес каким-то утробным голосом:

— Не облокачивайся, а то меня тошнит!

Эта фраза с некоторым вариантом впоследствии перешла в уста Лариосика в „Днях Турбиных":

— Не целуйтесь, а то меня тошнит!

Когда мы подошли к Ялте, она была вся в огнях — очень красивая — и, странное дело, сразу же устроились в гостинице, не мыкались, разыскивая пристанище на ночь — два рубля с койки — у тети Даши или тети Паши, как это практикуется сейчас.

А наутро в Севастополь. С билетами тоже не маялись — взял носильщик. Полюбовались видом порта, городом, посмеялись на вокзале, где в буфете рекламировался „ягодичный квас"...

Позже в „Вечерней красной газете" (1925 г.) появилась серия крымских фельетонов М.А.Булгакова.

А еще позже был отголосок крымской жизни, когда

у нас на голубятне возникла дама в большой черной шляпе, украшенной коктебельскими камнями. Они своей тяжестью клонили голову дамы то направо, то налево, но она держалась молодцом, выправляя равновесие.

Посетительница передала привет от Максимилиана Александровича и его акварели в подарок. На одной из них бисерным почерком Волошина было написано: „Первому, кто запечатлел душу русской усобицы"...

Посетила нас и сестра М.А. Варвара, изображенная им в романе „Белая гвардия" (Елена), а оттуда перекочевавшая в пьесу „Дни Турбиных". Это была миловидная женщина с тяжелой нижней челюстью. Держалась она, как разгневанная принцесса: она обиделась за своего мужа, обрисованного в отрицательном виде в романе под фамилией Тальберг. Не сказав со мной и двух слов, она уехала. М. А. был смущен...

Вспоминаю одну из первых оплеух (потом их было без счета). В одном из своих писаний Виктор Шкловский выразился так: „А у ковра Булгаков". (*Гамбургский счет*. Л. 1928, стр. 5.) Поясню для тех, кто не знаком с этим выражением. Оно означает, что на арене „у ковра" представление ведет, развлекая публику, клоун.

Я никогда не забуду, как дрогнуло и побледнело лицо М. А. Выпад Шкловского тем более непонятен, что за несколько дней перед этим он обратился к Булгакову за врачебной консультацией. Конечно, полного иммунитета от оплеух и уколов выработать в себе было нельзя, но покрыться более толстой кожей, продубиться было просто необходимо, как покажет сама жизнь.

Между тем, работа над пьесой „Дни Турбиных" шла своим чередом. Этот период в жизни Михаила Афанасьевича можно назвать зарей его общения с Художественным театром. И, конечно, нельзя было предвидеть, что через какие-нибудь десять лет светлый роман с театром превратится в „Театральный роман". Был М.А. в то время упоен театром. И если Глинка говорил: „Музыка — душа моя!", то Булгаков мог сказать: „Театр — душа моя!"

Помню, призадумался он, когда К. С. Станиславский посоветовал слить воедино образы полковника Най-Турса и Алексея Турбина для более сильного художественного воздействия. Автору было жаль расставаться с Най-Турсом, но он понял, что Станиславский прав.

На моей памяти постановка „Дней Турбиных" подвергалась не раз изменениям. Я помню на сцене первоначальный вариант с картиной у гайдамаков в штабе 1-ой конной дивизии Болботуна. Сначала у рампы дезертир с отмороженными ногами, затем сапожник с корзиной своего товара, а потом пожилой еврей. Допрос ведет сотник Галаньба, подтянутый, вылощенный хладнокровный убийца (Малолетков — хорош). Сапожника играл — и очень хорошо — Блинников. Еврея так же хорошо — Раевский. Сотник Галаньба убивает его. Сцена страшная. На этой генеральной репетиции я сидела рядом с К. С. Станиславским. Он повернул ко мне свою серебряную голову и сказал: „Эту сцену мерзавцы сняли" (так нелестно отозвался он о Главрепертコ коме). Я ответила хрипло: „Да" (у меня от волнения пропал голос). В таком виде картина больше не шла. На этой же генеральной была включена сцена у управдома Лисовича — „У Василисы". Василису играл Тарханов, жену его Ванду — Анастасия Зуева. Два стяжателя прятали свои ценности в тайник, а за ними наблюдали бандиты, которые их и обокрали и обчистили. Несмотря на великолепную игру, сцена была признана инородной, выпадающей из ткани пьесы, утяжеляющей спектакль, и Станиславским была снята.

Москвичи знают, каким успехом пользовалась пьеса. Знакомая наша присутствовала на спектакле, когда произошел характерный случай.

Шло 3-е действие „Дней Турбиных"... Батальон разгромлен. Город взят гайдамаками. Момент напряженный. В окне турбинского дома зарево. Елена с Лариосиком ждут. И вдруг слабый стук... Оба прислушиваются... Неожиданно из публики взволнованный женский голос: „Да открывайте же! Это свои!" Вот это слияние театра с жизнью, о котором только могут мечтать драматург, актер и режиссер.

МАЛЫЙ ЛЕВШИНСКИЙ, 4

Мы переехали. У нас две маленьких комнатки — но две! — и хотя вход общий, дверь к нам все же на отшибе. Дом — обыкновенный московский особнячок, каких в городе тысячи тысяч: в них когда-то жили и принимали гостей хозяева, а в глубину или на антресоли отправляли детей — кто побогаче — с гувернантками, кто победней — с няньками. Вот мы и поселились там, где обитали с няньками.

Спали мы в синей комнате, жили — в желтой. Тогда было увлечение: стены красили клеевой краской в эти цвета, как в 40-е — 50-е годы прошлого века.

Кухня была общая, без газа: на столах гудели примусы, мигали керосинки. Домик был вместительный и набит до отказа. Кто только здесь не жил! Чета студентов, наборщик, инженер, служащие, домашние хозяйки, портниха и разнообразные дети. Особенно много — или так казалось — было их в семье инженера, теща которого, почтенная и культурная женщина, была родственницей Василия Андреевича Жуковского по линии его любимой племянницы Мойер, о чем она дала нам прочесть исследование.

Особенностью кухни была сизая кошка, которая вихрем проносилась к форточке, не забывая куснуть попутно за икры стоявшего у примуса...

Окно в желтой комнате было широкое. Я давно мечтала об итальянском окне. Вскоре на подоконнике появился ящик, а в ящике настурции. Мака сейчас же сочинил:

> В ночном горшке, зачем — бог весть,
> Уныло вьется травка.
> Живет по всем приметам здесь
> Какая-то босявка...

„Босявка” — южнорусское и излюбленное булгаковское словечко. У них в семье вообще бытовало немало своих словечек и поговорок. Когда кому-нибудь (а их было семь человек детей) доводилось выйти из-за стола, а на столе было что-нибудь вкусное, выходящий обращался к соседу с просьбой: „Постереги”.

47

На крысиный
            ужас-страх
Родился у ней
            „Аншлаг"
Не котёнок-удивленье,
Тётя Люба — в
            восхищеньи!

Вся эта команда (дружная, надо сказать) росла, училась, выдумывала, ссорилась, мирилась, смеялась...

Взрослела команда, менялось и озорство, расширялась тематика. В юношеском возрасте они добрались и до подражания поэту Никитину: „Помоляся богу, улеглася мать. / Дети понемногу сели в винт играть"...

Юмор, остроумие, умение поддержать, стойкость — все это — закваска крепкой семьи. Закваска эта в период особенно острой травли оказала писателю Булгакову немалую поддержку...

Наш дом угловой по М. Левшинскому; другой своей стороной он выходит на Пречистенку (ныне Кропоткинскую) № 30. Помню надпись на воротах: „Свободенъ отъ постоя", с твердыми знаками. Повеяло такой стариной... Прелесть нашего жилья состояла в том, что все друзья жили в этом районе. Стоило перебежать улицу, пройти по перпендикулярному переулку — и вот мы у Ляминых.

Еще ближе — в Мансуровском переулке — Сережа Топленинов, обаятельный и компанейский человек, на все руки мастер, гитарист и знаток старинных романсов.

В Померанцевом переулке — Морицы; в нашем М. Левшинском — Владимир Николаевич Долгорукий (Владимиров), наш придворный поэт Вэдэ, о котором в Макином календаре было записано: „Напомнить Любаше, чтобы не забывала сердиться на В. Д.".

Дело в том, что Владимир Николаевич написал стихи, посвященные нам с Макой и нашим кошкам. Тата Лямина и Сережа Топленинов книгу проиллюстрировали. Был там нарисован и портрет В. Н. Он попросил разрешения взять книжку домой и дал слово, что не дотронется до своего изображения. Но слова не сдержал: портрет подправил, чем вызвал мой справедливый гнев.

Шагнуть через Остоженку (ныне Метростроевская) — и вот они, чета Никитинских, кузина и кузен Коли Лямина.

В подвале Толстовского музея жила писательница Софья Захаровна Федорченко с мужем Николаем Петровичем Ракицким. Это в пяти минутах от нашего дома, и мы иногда заходим к ним на чашку чая. На память приходит один вечер. Как-то по дороге домой мы заглянули к Федорченко на огонек. За столом сидел смугло-матовый темно-волосый молодой человек.

После чая Софья Захаровна сказала:

— Борис Леонидович, пожалуйста, вы хотели прочесть свои стихи. Пастернак немного выпрямился, чуть откинулся на спинку стула и начал читать:

> Солнце село,
> И вдруг
> Электричеством вспыхнул *Потемкин*.
> Из камбуза на спардек
> Нахлынуло полчище мух.
> Мясо было с душком...
> И на море упали потемки.
> Свет брюзжал до зари
> И, забрезживший утром, потух...

Не скажу, чтобы стихи мне очень понравились, а слова „свет брюзжал до зари" смутили нас обоих с М. А. Мы даже решили, что ослышались. Зато внешность поэта произвела на меня впечатление: было что-то восточно-экстатическое во всем его облике, в темных без блеска глазах, в глуховатом голосе. Ему, вдохновенному арабу, подходило бы, читая, слегка раскачиваться и перебирать четки... Но сидел он прямо, и четок у него не было...

На перекрещении двух переулков — Малого и Большого Левшинских — стояла белая церковь-игрушка с синими в звездах куполами. В ней-то и обвенчалась младшая сестра М. А. Леля Булгакова с Михаилом Васильевичем Светлаевым. Она была очень мила в подвенечном наряде.

Весной мы с М. А. поехали в Мисхор и через Курупр (Курортное управление) сняли одну комнату для себя, другую для четы Светлаевых на бывшей даче Чичкина... Кто из старых москвичей не знает этой молочной фамилии? На каждом углу красовалась вывеска с четкими буквами — Чичкинъ.

Дача нам очень понравилась. Это был поместительный и добротный дом над морем без всяких купеческих выкрутас. Ведший с нами переговоры врач из Курупра, жалуясь на какие-то ведомственные неполадки, сказал: „Вот и стою между Сциллой и Харибдой", за что так и был прозван, и о нем мы уже говорили в женском роде: „Харибда приходила, Харибда говорила...''

Помню, как-то утречком шли мы по дорожке, огибая свой дом. У окна стояли наши соседи — муж и жена. М. А., как всегда, очень вежливо сказал: „С добрым утром, товарищи'', на что последовало: „Кому товарищ, а кому и серый волк''. Дальше все было еще интересней. Питаться мы ходили на соседнюю дачу, в бывший дворец какого-то великого князя. Столы стояли на большой террасе. Однажды, после очередной трапезы, кто-то обратился к Булгакову с просьбой объяснить, что такое женщина бальзаковского возраста. Он стал объяснять по роману — тридцатилетняя женщина выбирает себе возлюбленного намного моложе себя и для наглядности привел пример — вот, скажем, если бы Книппер-Чехова увлеклась комсомольцем... Только он произнес последнее слово, как какая-то особа, побледнев, крикнула: „Товарищи! Вы слышите, как он издевается над комсомолом. Ему хочется унизить комсомольцев! Мы не потерпим такого надругательства!''

Тут с „тронной речью'' выступила я. Я сказала, что М. А. не хотел никого обидеть, что тут недоразумение и т. д., но истеричка все бушевала, пока ее не подхватил под ручку красивый армянин из их же группы и не увел в соседнюю аллейку, где долго ее прогуливал и мягко отчитывал: „Надо быть терпимой, нельзя же из мухи слона делать''...

Это неожиданное бурное выступление заставило нас насторожиться, избегать слова товарищ и по возможности не говорить на   литературные темы. Теперь по вечерам, когда составлялась партия в крокет, мы (Мака, Леля и я) уже старались не проигрывать, потому что противники, крокируя, стремились загнать наши шары далеко под обрыв, к морю, чего мы по-джентльменски себе никогда не позволяли: за шарами надо было спускаться, а значит, и подниматься по утомительной крутой каменистой дороге. В общем, после месяца Крыма потянуло нас домой.

Облаенные, вернулись мы оттуда и сразу же задумались над тем, как быть дальше с летом, и тут услышали от Ляминых, что их родственники Никитинские живут под Москвой, в Крюкове, на даче у старых москвичей Понсовых, и очень довольны. Поехали на рекогносцировку. Нам тоже понра-

вилось. Блаженство состояло еще и в том, что не надо было готовить.

Сразу как-то в голове не укладывалось, сколько же народу живет в этом поместительном доме. И только приглядевшись, можно было сосчитать всех. Начну с хозяев: Лидия Митрофановна — красивая импозантная женщина, всему клану голова, мозг и сердце семьи. Муж ее Дмитрий Петрович — как говорили, большой делец — был занят по преимуществу в городе своими мужскими делами. Оба вели себя мудро: в наши развлечения не вмешивались, хотя неукоснительно были зрителями всех представлений.

Три дочери: старшая, Евгения, существо выдержанное и хорошо воспитанное. Замужем за симпатичным человеком, Федором Алексеевичем Малининым. Я рассмотрела Женю по-настоящему на теннисной площадке. Она была необыкновенно изящна и хрупка.

Вторая сестра — Лидия. Статная, хорошо сложенная, привлекательная девушка. Юнона, с легкой поступью и легким смехом, который она сумела пронести через всю жизнь. Лидия была олицетворением гостеприимства и уюта.

Младший экземпляр — Елена. Я нарочно говорю „экземпляр", потому что это именно так. Некрасивая, острая, талантливая, прекрасная рассказчица, она много лет проработала в Вахтанговском театре и умерла в звании народной артистки Российской федерации. Тогда, в 1926 году, она только что поступила в театр и успела сыграть лишь одну роль — старуху в пьесе Л. Сейфуллиной *Виринея*.

Когда Ленка (в доме все ее так называли) была в ударе, она могла рассмешить даже царевну Несмеяну. Иногда на нее нападало желание танцевать. Под звуки рояля она импровизировала, и совсем неплохо.

Существовало еще два брата: Жорж, взрослый, женатый, и Алеша, мальчик лет 7-8.

Я перечислила семейство Понсовых, живущее в нижнем этаже дома. Жорж с женой Катей и маленьким сыном жил во флигеле. Верх занимали Елена Яковлевна и Иван Николаевич Никитинские с двухлетним сыном и няней. У Никитинских гостил их большой друг художник Сережа Топленинов. Нам отдали комнату-пристройку с отдельным входом. Это имело свою прелесть, например, на случай неурочного застолья. Так оно и бывало: у нас не раз засиживались до самого позднего часа.

Упомяну о калейдоскопе гостей. Бывали люди, не живущие на даче, но приходившие почти ежедневно (четверо Добрыниных, их кузина М. Г. Нестеренко, их сосед, за округлый силуэт и розовые щеки прозванный „помидорчиком”); были гости случайные (артист МХАТа Всеволод Вербицкий, классная теннисистка Мальцева, Рубен Симонов, А. А. Орочко, В. Львова и много других); были постоянные, приезжавшие на выходные дни — Шура и Володя Мориц. Центр развлечения, встреч, бесед — теннисная площадка и возле нее, под березами, скамейки. Партии бывали серьезные: Женя, Всеволод Вербицкий, Рубен Симонов, в ту пору тонкий и очень подвижный. Отбивая мяч, он высоко, по-козлиному поднимал ногу и рассыпчато смеялся. Состав партий менялся. Михаил Афанасьевич как-то похвалился, что при желании может обыграть всех, но его быстро разоблачили. Лида попрекала его, что он держит ракетку „пыром”, т.е. она стоит перпендикулярно к кисти, вместо того, чтобы служить как бы продолжением руки. Часто слышался голос Лидуни: Мака, опять ракетка „пыром”! Но раз как-то он показал класс: падая, все же отбил трудный мяч.

Мы все любили почти ежедневно бывавшего соседа Петю Васильева, добродушного уютного толстяка, к тому же силача. Вот карикатура на него, очень похожая, нарисованная Сережей Топлениновым. В жару волосы Пети вились особенно круто — о таких в народе говорят: „кнутом не прошибешь”; отбивая или стараясь отбить мяч, он как-то особенно похохатывал, а если промазывал, восклицал по-немецки: *Es ist ganz verdrisslich,* — что означало: „вот это огорчительно”.

По вечерам все сходились в гостиной. Уютно под абажуром горела керосиновая лампа — электричества не было. Здесь центром служил рояль, за который садилась хорошая музыкантша Женя или композитор Николай Иванович Сизов, снимавший в селе комнату. У него была особенность появляться внезапно — как тать в нощи — и так же внезапно исчезать. Часто спрашивали: „Вы не видели Николая Ивановича?” Отвечали: „Да он только что здесь был. Куда же он делся?" Но за инструмент садился он безотказно: хотелось ли Лидуну спеть серебряным голоском французскую песенку, или нам в шараде требовалось музыкальное сопровождение, или просто тянуло потанцевать...

Однажды Петя Васильев показал, как в цирке говорят, силовой акт. Он лег ничком на тахту и пригласил нас всех лечь сверху, что мы с радостью и исполнили. Образовалась мала куча. Петя подождал немного, напрягся и, упираясь руками в диван, поднялся, сбросив нас всех на пол. Мака сказал:

— Подумаешь, как трудно!

Лег на диван ничком, и мы все весело навалились на него. Через несколько секунд он повернул к нам бледное лицо (никогда не забуду его выражение) и произнес слабым голосом:

— Слезайте с меня и как можно скорей!

Мы тут же ссыпались с него горошком. Силовой акт не удался, но были другие, более удачные выступления М. А. В шарадах он был асом. Вот он с белой мочалкой на голове, изображающей седую шевелюру, дирижирует невидимым оркестром. (Он вообще любил дирижировать. Он иногда брал карандаш и воспроизводил движения дирижера — эта профессия ему необыкновенно импонировала, даже больше: влекла его.) Это прославленный дирижер Большого театра — Сук (слог первый шарады).

Затем тут же в гостиной двое (Лидун и „помидорчик") играют в теннис. Слышится „аут", „ин", „сертин". Весь счет в этой игре и все полагающиеся термины с легкой руки Добрыниных произносятся на английском языке. („Ин" — слог второй шарады). Третье — сын. Возвращение блудного сына. А все вместе... с террасы в гостиную сконфуженно вступает, жмурясь от света, дивный большой пес Буян — сукин сын.

Уж не помню, в какой шараде, но Мака изображал даму в капоте Лидии Митрофановны — в синем с белыми полосками — и был необыкновенно забавен, когда по окончании представления деловито выбрасывал свой бюст — диванные подушки. М.А. изобрел еще одну игру. Все делятся на две партии. Участники берутся за края простыни и натягивают ее, держа почти на уровне лица. На середину простыни кладется легкий комок расщепленной ваты. Тут все начинают дуть, стараясь отогнать ее к противоположному лагерю. Проигравшие платят фант... Состязание проходило бурно и весело.

Кому первому пришла в голову мысль устроить спиритический сеанс, сейчас сказать трудно, думаю, что Сереже Топленинову. Во всяком случае М. А. горячо поддержал это предложение. Уселись за круглый стол, положили руки на столешницу, образовав цепь, затем избрали ведущего для общения с духом — Сережу Топленинова. Свет потушили. Наступила темнота и тишина, среди которой раздался торжественный и слегка загробный голос Сережи:

— Дух, если ты здесь, проявись как-нибудь.

Мгновение... Стол задрожал и стал рваться из-под рук. Сережа кое-как его угомонил, и опять наступила тишина.

— Пусть какой-нибудь предмет пролетит по комнате, если ты здесь, — сказал наш медиум. И через комнату тотчас же в угол полетела, шурша, книга. Атмосфера накалялась. Через минуту раздался крик Вани Никитинского:

— Дайте свет! Он гладил меня по голове! Свет!

— Ай! И меня тоже!

Теперь уж кричал кто-то из женщин:

— Сережа, скажи, чтобы он меня не трогал!

Дух вынул из Жениной прически шпильку и бросил ее на стол. Одну и другую. Вскрикивали то здесь, то тут. Зажгли лампу. Все были взъерошенные и взволнованные. Делились своими ощущениями. Медиум торжествовал: сеанс удался на славу. Все же раздавались скептические возражения, правда, довольно слабые.

Наутро обсуждение продолжалось. Ленка Понсова сказала:

— Это не дача, а черт знает что! Сегодня же стираю (мимическая сцена), завтра глажу (еще одна сцена) и иду по шпалам в Москву (самое смешное представление).

Утром же в коридоре наша „правдолюбка" Леночка Никитинская настигла Петю Васильева и стала его допытывать, не имеет ли он отношения к вчерашнему проявлению духа.

— Что вы, Елена Яковлевна?

Но она настаивала:

— Дайте слово, Петя!

— Даю слово!

— Клянитесь бабушкой (единственно, кого она знала из семьи Васильевых).

И тут раздался жирный фальшивый Петькин голос:

— Клянусь бабушкой!

Мы с М. А. потом долго, когда подвирали, клялись бабушкой...

Волнение не угасало. Меня вызвала к себе хозяйка дома Лидия Митрофановна и спросила, что же все-таки происходит.

Отвечать мне пока было нечего.

Второй сеанс состоялся с участием вахтанговцев, которые, хоть и пожимали плечами, но все же снизошли. Явления повторялись, но вот на стол полетели редиски, которые подавались на ужин. Таким образом проявилась прямая связь между духом бесплотным и пищей телесной... Дальше я невольно подслушала разговор двух заговорщиков — Маки и Пети:

— Зачем же вы, Петька, черт собачий, редиску на стол кидали?

— Да я что под руку попалось, Мака, — оправдывался тот.

— А! Я так и знала, что это вы жульничали.

Они оба остановились, и М. А. пытался меня подкупить (не очень-то щедро: он предлагал мне три рубля за молчание). Но я вела себя как неподкупный Робеспьер и требовала только разоблачений. Дело было просто. Петр садился рядом с М. А. и освобождал его правую руку, в то же время освобождая свою левую. Заранее под пиджак Мака прятал согнутый на конце прут. Им-то он и гладил лысые и нелысые головы, наводя ужас на участников сеанса.

— Если бы у меня были черные перчатки, — сказал он мне позже, я бы всех вас с ума свел...

Мирное наше житье нарушили слухи, что „пошаливают" бежавшие из ближайшего лагеря уголовники. И действительно, слухи печально подтвердились: недалеко от Пети была вырезана целая семья из пяти человек. Позже застрелили аптекаря в поселке при станции Крюково.

Как-то ночью, когда почти все в доме легли спать, с соседней дачи раздался женский крик:

— Караул! Помогите! Помогите!

Поднялась страшная суматоха. Все выскочили кто в чем был. Жорж выбежал с ружьем и пальнул несколько раз в пространство. Мои подопечные собаки, Вертушка и Буян, дрожа, спрятались на террасе под стол.

У Никитинских Сережа лежал в постели, но еще не спал. Лена спросила:

— Сережа, ты слышал?

Он ответил:

— Да. Я читаю „Анну Каренину".

Ваня встал на защиту своей семьи у двери на лестницу. Он стоял в одних „исподних", в пальто, с кепкой на голове. В руках он держал тяжелый канделябр.

Несмотря на тревожную обстановку — кто-то кричит, кто-то бежит, кто-то палит из ружья, у меня ноги от смеха так и подкосились, глядя на этого рыцаря в подштанниках!

К счастью, на даче ночевал Петя, который с револьвером и отправился в соседний дом. Никаких бандитов там не оказалось. Просто с крыши спрыгнула кошка на другую крышу, пониже. Пробегая по кровельному железу, она, конечно, произвела шум, подчеркнутый и усиленный еще ночной тишиной, но натянутые нервы обитательниц дома не выдержали. Наутро все друг над другом смеялись, изображая в лицах все происшествие. И опять зажили тихо, наслаждаясь летом. Оно стояло чудное — ясное и благоуханное.

Мы все, кто еще жив, помним крюковское житье. Секрет долгой жизни этих воспоминаний заключается в необыкновенно доброжелательной атмосфере тех дней. Существовала как бы порука взаимной симпатии и взаимного доверия... Как хорошо, когда каждый каждому желает только добра!

Раз уж я рассказала о крюковском лете, хочется вспомнить покойного Жоржа Понсова. Последние годы он болел туберкулезом и работать уже не мог: работала его жена Катя. Рос сын, и, конечно, нелегко им жилось. По долгу службы Кате пришлось отлучиться из Москвы. В это время Жоржу стало очень плохо, но он запретил тревожить жену. Из последних сил написал он ей несколько писем, так сказать, вперед и передал их другу с тем, чтобы тот посылал их Кате, когда его уже не будет на свете. Все точно друг выполнил. Бедный Жорж! Что чувствовал он, когда писал эти письма... Никого я не знаю и не назову, кто был бы способен на такие тонкие чувства, да и в литературе знаю только один рассказ „Нежность" Анри Барбюса, приближающийся по сюжету к поступку Жоржа. Но героиня рассказа кончает самоубийством, а любимый ею человек, не зная о ее смерти, получает время от времени ее письма, полные тепла и любви, пересылаемые верными руками друзей.

Идет 1927 год. Подвернув под себя ногу калачиком (по семейной привычке: так любит сидеть тоже и сестра М. А. Надежда), зажегши свечи, пишет чаще всего Булгаков по ночам. А днем иногда читает куски какой-либо сцены из „Багрового острова" или повторяет какую-нибудь особо полюбившуюся ему фразу. „Ужас, ужас, ужас, ужас", — часто говорит он как авантюрист и пройдоха Кири-Куки из этой пьесы. Его самого забавляет калейдоскопичность фабулы. Герои Жюля Верна — действующие лица пьесы — хорошо знакомы и близки ему с юношеских лет, а блестящая память и фантазия преподнесут ему образы в неувядающих красках.

Борьба белых арапов и красных туземцев на Багровом острове — это только пена, кружево, занятный фон, а сущность пьесы, ее глубинное значение — в судьбе молодого писателя, в его творческой зависимости от „зловещего старика" — цензора Саввы Лукича.

Помнится, на сцене было много музыки, движения, авторского озорства. Хороши были декорации Рындина, и, как всегда в Камерном театре, особенно тщательно продумано освещение.

Запомнился мне артист Ганшин в роли писателя. Савву Лукича загримировали под Блюма, сотрудника Главреперткома, одного из ревностных гонителей Булгакова (как театральный критик писал под псевдонимом „Садко").

Помню, через партер к сцене проходил театральный капельдинер и сообщал почтительно и торжественно:

— Савва Лукич в вестибюле снимает галоши!

Он был горд, что выступает в театре. И тут с нарастающей силой перекатываются эти слова как заклинание от оркестра к суфлеру, от суфлера дальше на сцену:

— Савва Лукич в вестибюле снимает галоши! — возвещают и матросы с корабля. Директор театра, играющий лорда, хватаясь за голову, говорит:

— Слышу. Слышу. Ну, что ж, принять, позвать, просить, сказать, что очень рад...

От страха и волнения его снесло в „Горе от ума" на роль Фамусова.

В эпилоге зловещий Савва обращается к автору:

— В других городах-то я все-таки вашу пьеску запрещу... Нельзя все-таки... Пьеска — и вдруг всюду разрешена...

Постановка „Багрового острова" осуществлена А.Я. Таировым в Камерном театре в 1928 году. Пьеса имела большой успех, но скоро была снята...

Театральный хмель продолжается. „Турбины" идут с неизменным успехом. Актеры играют необыкновенно слаженно и поэтому сами называют спектакль „концертом".

Встал вопрос о банкете. И тут на выручку пришел актер Художественного театра Владимир Августович Степун, участвующий в пьесе. Он предложил свою квартиру в Сивцевом-Вражке, 41. Самую трудную роль — не только всех разместить, сервировать и приготовить стол на сорок персон, а затем все привести в порядок взяла на себя жена Владимира Августовича, Юлия Львовна, дочь профессора Тарасевича.

Во дворе дома 41, в больших комнатах нижнего этажа были накрыты длиннейшие столы. На мою долю пришлась забота о пище и вине. В помощники ко мне поступил Петя Васильев. К счастью, в центре Москвы еще существовал Охотный ряд — дивное предприятие! Мы взяли извозчика и объехали сразу все магазины подряд: самая разнообразная икра, балык, белорыбица, осетрина, семга, севрюга — в одном месте, бочки различных маринадов, грибов и солений — в другом, дичь и колбасы — в третьем. Вина — в четвертом. Пироги и торты заказали в Столешниковом переулке у расторопного частника. Потом все завезли к милым Степунам.

Участников банкета даю по собственной записке М. А.,

которую обнаружила у его сестры Надежды Афанасьевны Земской: Малолетков, Ершов, Новиков, Андерс, Бутюгин, Гузеев, Лифанов, Аксенов, Добронравов, Соколова,Хмелев, Калужский, Митропольский, Яншин, Михальский, Истрин, Мордвинов, Степунов (двое), Ляминых (двое), три сестры Понсовых: Евгения, Лидия и Елена, Федорова Ванда Мариановна. (Привлекательная женщина. Служила во МХАТе. Муж ее, Владимир Петрович, приезжал к нам „повинтить". Нередко М. А. ездил в это/гостеприимное семейство, иногда к нему присоединялась и я.)

В списке М. А. я не нашла П. А. Маркова и И. Я. Судакова, режиссера спектакля.

Всю-то ночку мы веселились, пели и танцевали.

В этот вечер Лена Понсова и Виктор Станицын особенно приглянулись друг другу (они вскоре и поженились).

Вспоминаю, как уже утром во дворе Лидун доплясывала русскую в паре с Малолетковым. Мы с М. А. были, конечно, очень благодарны семейству Степунов за то, что они так любезно взяли на себя столь суетливые хлопоты.

Говоря о „Днях Турбиных", уместно упомянуть и о первом критике пьесы. Однажды у нас появился незнакомый мрачный человек в очках — Левушка Остроумов (так назвали его потом у Ляминых) и отчитал М. А., сказав, что пьеса написана плохо, что в ней не соблюдены классические каноны. Он долго и недружелюбно бубнил, часто упоминая Аристотеля. М. А. не сказал ни слова. Потом критик ушел, обменяв галоши...

Несколько позже критик Садко в статье „Начало конца МХАТа" („Жизнь искусства", 43, 1927 г.) неистовствует по поводу возобновления пьесы „Дни Турбиных". Он называет Булгакова „пророком и апостолом российской обывательщины" (стр.7), а самое пьесу „пошлейшей из пьес десятилетия" (стр.8).

Критик пророчит гибель театру и добавляет зловеще: как веревка поддерживает повесившегося, так и успех пьесы, сборы, которые она делает, не спасут Московский Художественный театр от смерти.

Когда сейчас перечитываешь рецензии тех лет, поражаешься необыкновенной грубости. Даже тонкий эрудит Луначарский не удержался, чтобы не лягнуть Булгакова, написав, что в пьесе „Дни Турбиных” — атмосфера собачьей свадьбы („Известия”, 8 октября 1926 г.). Михаил Афанасьевич мудро и сдержанно (пока!) относится ко всем этим выпадам.

„Зойкина квартира” идет тоже с аншлагом. В ознаменование театральных успехов первенец нашей кошки Муки назван „Аншлаг”.

> В доме также печь имеется,
> У которой кошки греются.
> Лежит Мука, с ней Аншлаг.
> Она — эдак,
> А он так.

Это цитата из рукописной книжки „Муки-Маки”, о которой я упоминала выше. Стихи Вэдэ, рисунки художницы Н. А. Ушаковой. Кошки наши вдохновили не только поэта и художника, но и проявили себя в эпистолярном жанре. У меня сохранилось много семейных записок, обращенных ко мне от имени котов. Привожу, сохраняя орфографию, письмо первое. Надо признаться: высокой грамотностью писательской коты не отличались.

> Дорогая мама!
> Наш миый папа произвъ пърстоновку в нешей уютной кварти. Мы очень довольны (и я Аншлаг помогал, чуть меня папа не раздавил, кагда я ехал на ковре кверху ногами).Папа очень сильный один все таскал и добрый не ругал, хоть он и грыз крахмальную руба. а тепър сплю, мама, на тахте. И я тоже. Только на стуле. Мама мы хочем, чтоб так было как папа и тебе умаляим мы коты все, что папа умный все знаит и не менять. А папа говорил купит. Папа пошел а меня выпустил. Ну целуем тебе. Вы теперь с папой на тахте. Так что меня нет.

> Увожаемые и любящие коты.

Котенок Аншлаг был подарен нашим хорошим знакомым Стронским. У них он подрос, похорошел и неожиданно родил котят, за что был разжалован из Аншлага в Зюньку.

На обложке книжки „Муки-Маки” изображен Михаил Афанасьевич в трансе: кошки мешают ему творить. Он сочиняет „Багровый остров”.

А вот еще там же один маленький портрет Михаила Афанасьевича. Он в пальто, в шляпе, с охапкой дров (у нас печное отопление), но зато в монокле. Понятно, что карикатура высмеивает это его увлечение. Ох, уж этот монокль! Зачастую он вызывал озлобление, и некоторые склонны даже были рассматривать его как признак ниспровержения революции.

В это же время мы оба попали в детскую книжку Маяковского „История Власа, лентяя и лоботряса” в иллюстрациях той же Н.А.Ушаковой.

Полюбуйтесь: вот мы какие, родители Власа. М.А. ворчал, что некрасивый.

К сожалению пропала или уничтожена книжка Гастона Леру „Человек, который возвратился издалека” в переводе Мовшензона. Н.А.Ушакова рисовала цветными карандашами прямо по печатному тексту, который приблизительно звучал так: „По утрам граф и графиня выходили на крыльцо своего замка. Графиня ласкала своих борзых...” (Граф — М.А., графиня — я).

Остроумные комментарии от имени переводчика написал Коля Лямин. А страшные места?

Синим карандашом была изображена костлявая рука привидения, сжимающая фитиль зажженной свечи.

„Любочка и Мака! Этого на ночь не читывайте!”

Это было такое веселое талантливое озорство. Я до сих пор огорчаюсь, что какие-то злые руки погубили эту книжку.

В книжке „Муки-Маки” изображена разрисованная печь: это я старалась. Мне хотелось, чтобы походило на старинные изразцы. Видно, это и пленило проходившего как-то мимо нашей открытой двери жильца нашего дома — наборщика.

— У вас очень уютно, как в пещере, — сказал он и попросил поехать с ним в магазин и помочь ему выбрать обои для комнаты. Я согласилась. Михаил Афанасьевич только ухмылялся. В Пассаже нам показывали хорошие образцы, гладкие, добротные, но мой спутник приуныл и погрузился уже в самостоятельное созерцание развешанных по стенам образчиков. И вдруг лицо его просветлело.

— Я нашел, — сказал он, сияя. — Вы уж извините. Мне как страстному рыболову приятно посмотреть: тут вода нарисована! И правда, в воде стояли голенастые цапли. В клюве каждая держала по лягушке.

— Хоть бы они рыбу ели, а то ведь лягушек, — слабо возразила я.

— Это все равно — зато вода...

Потом М.А. надо мной подтрунивал: „Контакт интеллигенции с рабочим классом не состоялся: разошлись на эстетической платформе,” — шутил он.

Никаких писателей у нас в Левшинском переулке не помню, кроме Валентина Петровича Катаева, который пришел раз за котенком. Больше он у нас никогда не бывал ни в Левшинском, ни на Б.Пироговской. Когда-то они с М.А. дружили, но жизнь развела их в разные стороны. Вспоминаю бывавшего в тот период небольшого элегантного крепыша режиссера Леонида Васильевича Баратова и артиста театра Корша Блюменталь-Тамарина, говоруна и рассказчика — впрочем, черты эти характерны почти для всех актеров...

К обычному составу нашей компании прибавились две сестры Гинзбург. Светлая и темная, старшая и младшая, Роза и Зинаида. Старшая, хирург, была красивая женщина, но не библейской красотой, как можно было бы предположить по имени и фамилии. Наоборот: нос скорее тупенький, глаза светлые, волосы русые, слегка, самую малость, волнистые... Она приехала из Парижа. Я помню ее на одном из вечеров, элегантно одетую, с нитками жемчуга вокруг шеи, по моде тех лет. Все наши мужчины без исключения ухаживали за ней. Всем без исключения одинаково приветливо улыбалась она в ответ.

Обе сестры были очень общительны. Они следили за литературой, интересовались театром. Мы не раз бывали у них в уютном доме в Несвижском переулке. Как-то раз Роза Львовна сказала, что ее приятель-хирург, которого она ласково назвала „Мышка”, сообщил ей, что у его родственника-арендатора сдается квартира из трех комнат. Михаил Афанасьевич ухватился за эту мысль, съездил на Большую Пироговскую, договорился с арендатором, вернее, с его женой, которая заправляла всеми делами. И вот надо переезжать.

Наступил заключительный этап нашей совместной жизни: мы вьем наше последнее гнездо...

ПОСЛЕДНЕЕ ГНЕЗДО

В древние времена из Кремля по прямой улице мимо Девичья Поля ехали в Новодевичий монастырь тяжелые царские колымаги летом, а зимой расписные возки. Не случайно улица называлась Большая Царицынская...

Если выйти из нашего дома и оглянуться налево, увидишь стройную шестиярусную колокольню и очертания монастыря. Необыкновенно красивое место. Пожалуй, одно из лучших в Москве.

Наш дом (теперь Большая Пироговская, 35-а) — особняк купцов Решетниковых, для приведения в порядок отданный в аренду архитектору Стую. В верхнем этаже — покои бывших хозяев. Там была молельня Распутина, а сейчас живет застройщик-архитектор с женой.

В наш первый этаж надо спуститься на две ступеньки. Из столовой, наоборот, надо подняться на две ступеньки, чтобы попасть через дубовую дверь в кабинет Михаила Афанасьевича. Дверь эта очень красива, темного дуба, резная. Ручка — бронзовая птичья лапа, в когтях держащая шар... Перед входом в кабинет образовалась площадочка. Мы любим это своеобразное возвышение. Иногда в шарадах оно служит просцениумом, иногда мы просто сидим на ступеньках как на завалинке. Когда мы въезжали, кабинет был еще маленький. Позже сосед взял отступного и уехал, а мы сломали стену и расширили комнату М.А. метров на восемь плюс темная клетушка для сундуков, чемоданов, лыж.

Моя комната узкая и небольшая: кровать, рядом с ней маленький столик, в углу туалет, перед ним стул. Это все. Мы верны себе: Макин кабинет синий. Столовая желтая. Моя комната — белая. Кухня маленькая. Ванная побольше.

С нами переехала тахта, письменный стол — верный спутник М.А., за которым написаны почти все его произведения, и несколько стульев. Два экзотических кресла, о которых я упоминала раньше, кому-то подарили. Остальную мебель, временно украшавшую наше жилище, вернули

67

ее законному владельцу Сереже Топленинову. У нас осталась только подаренная им картина маслом, подписанная: „Софроновъ, 17 г.". Это натюрморт, оформленный в темных рембрандтовских тонах, а по содержанию сильно революционный: на почетном месте, в серебряной вазе — картошка, на переднем плане, на куске бархата — луковица; рядом с яблоками соседствует репа. Добрые знакомые разыскали мебель: на Пречистенке жила полубезумная старуха, родственники которой отбыли в дальние края, оставив в ее распоряжение большую квартиру с полной меблировкой, а старуху начали теснить, пока не загнали под лестницу. От мебели ей надо было избавляться во что бы то ни стало. Так мы купили шесть прекрасных стульев, крытых васильковым репсом, и раздвижной стол-„сороконожку". Остальное — туалет, сервант, кровать — приобрели постепенно, большей частью в комиссионных магазинах, только диван-ладью купили у знакомых (мы прозвали ее „закорюка"). Старинный торшер мне добыла Лена Понсова. Вся эта мебель находится у меня и по сей день, радует глаз своей нестареющей элегантностью.

Надежда Афанасьевна, Макина сестра, наша всегдашняя „палочка-выручалочка", направила к нам домашнюю работницу. Пришла такая миловидная, чисто русская женщина, русая, голубоглазая Маруся. Осталась у нас и прожила несколько лет до своего замужества. Была она чистоплотна и добра. Не шпыняла кошек. Когда появился пес, полюбила и пса, называла его „батюшка" и ласкала.

Вот как появился пес: как-то, в самый разгар работы над пьесой „Мольер", я пошла в соседнюю лавочку и увидела там человека, который держал на руках большеглазого, лохматого щенка. Щенок доверчиво положил ему лапки на плечо и внимательно оглядывал покупателей. Я спросила, что он будет делать с собачонкой. Он ответил: „Что делать? Да отнесу в клиники" (это значит для опытов в отдел вивисекции). Я попросила подождать минутку, а сама вихрем влетела в дом и сбивчиво рассказала Маке всю ситуацию.

— Возьмем, возьмем щенка, Макочка, пожалуйста!

Так появился у нас пес, прозванный в честь слуги

Мольера Бутоном. Он быстро завоевал наши сердца, стал общим баловнем и участником шарад. Со временем он настолько освоился с нашей жизнью, что стал как бы членом семьи. Я даже повесила на входной двери под карточкой М.А. другую карточку, где было написано: „Бутон Булгаков. Звонить два раза". Это ввело в заблуждение пришедшего к нам фининспектора, который спросил М.А.: „Вы с братцем живете?" После чего визитная карточка Бутона была снята...

Возвращаюсь к Марусе: для нас она была своим уютным человеком. Коньком ее были куличи, пирожки и блины. М.А. особенно любил марусины куличи. Когда у нас бывали гости, ее вызывали в столовую, с ней чокались, за ее здоровье пили. Она конфузилась, краснела и очень хорошела. Большим умом она не отличалась, но была наблюдательна и похожа на прозвища Лыжного инструктора, ходившего на лыжные вылазки с группой Художественного театра и облюбовавшего наш дом для своих посещений, она прозвала „странник". Это было точно: в незавязанной шапке-ушанке, с неизменным рюкзаком за спиной, с лыжами или какими-то обрезками лыж в руках, всегда второпях, он вполне оправдывал свое прозвище.

Перечитываю произведения М.А. и вижу, что во многих домашней работнице отводится роль члена семьи: в „Белой гвардии" Анюта, выросшая в турбинском доме. В „Собачьем сердце" горничная Зина и повариха Дарья Петровна настолько, как теперь говорится, „вписаны" в быт профессора Преображенского, что без них жизнь дома даже и не мыслится.

В пьесе „Адам и Ева" — Аня.

В „Мастере и Маргарите" — Наташа, полуподруга, полунаперсница Маргариты, совершающая с ней ночной полет.

— Мы тоже хотим жить, хотим летать, — говорит она...

Не было случая, чтобы М.А. или я не привозили бы своей Марусе какой-нибудь подарочек, возвращаясь из поездки домой. Как-то она спросила меня:

— Любовь Евгеньевна, а кто такой Рябушинский?

Признаться, я очень удивилась, но объяснила и, конечно, поинтересовалась, а зачем ей это?

— Да вот, я встретила Агеича (Агеич — это слесарь-водопроводчик, на все руки мастер и, конечно, пьяница). И он мне сказал: „Иди за меня, Маруся".

— Я не против. Только ты мне справь все новое и чтобы мне не пришлось больше никогда работать, — сказала я.

— Ну, это тебе за Рябушинского выходить надо, — возразил Агеич...

Теперь мне все стало ясно. Все-таки она вышла за Агеича. Много раз после прибегала она ко мне за утешением. Несколько раз прорывался к нам и пьяный Агеич. Алкоголь настраивал его на божественное: во хмелю он вспоминал, что в юности пел в церковном хоре, и начинал петь псалмы. Выпроводить его в таком случае было очень трудно.

— Богиня, вы только послушайте... — И начинал свои песнопения...

Устроились мы уютно. На окнах повесили старинные шерстяные, так называемые „турецкие" шали. Конечно, в столовой, она же гостиная, стоит ненавистный гардероб. Он настолько же некрасив, насколько полезен, но девать его некуда. Кроме непосредственной пользы нам, им пользуется кошка Мука: когда ей оставляют одного котенка, мы ставим на гардероб решето и кошка одним махом взлетает к своему детищу. Это ее жилище называется „Соловки".

Кошку Муку М.А. на руки никогда не брал — был слишком брезглив, но на свой письменный стол допускал, подкладывая под нее бумажку. Исключение делал перед родами: кошка приходила к нему, и он ее массировал.

Кабинет — царство Михаила Афанасьевича. Письменный стол (бессменный „боевой товарищ" в течение восьми с половиной лет) повернут торцом к окну. За ним, у стены, книжные полки, выкрашенные темно-коричневой краской. И книги: собрания русских классиков — Пушкин, Лермонтов, Некрасов, обожаемый Гоголь, Лев Толстой, Алексей Константинович Толстой, Достоевский, Салтыков-Щедрин, Тургенев, Лесков, Гончаров, Чехов. Были, конечно, и другие русские писатели, но просто сейчас не припомню всех. Две энциклопедии — Брокгауза-Эфрона и Большая Советская под редакцией О.Ю.Шмидта, первый том которой вышел в 1926 году, а восьмой, где так небрежно написано о творчестве М.А.Булгакова и так неправдиво освещена его биография, — в 1927 году.

Книги — его слабость. На одной из полок — предупреждение: „Просьба книг не брать"...

Мольер, Анатоль Франс, Золя, Стендаль, Гете, Шиллер... Несколько комплектов „Исторического Вестника" разной датировки. На нижних полках — журналы, газетные вырезки, альбомы с многочисленными ругательными отзывами, Библия. На столе канделябры — подарок Ляминых — бронзовый бюст Суворова, моя карточка и заветная материнская красная коробочка из-под духов Коти, на которой рукой М.А. написано: „Война 191..." и дальше клякса. Коробочка хранится у меня.

Лампа сделана из очень красивой синей поповской вазы, но она — инвалид. Бутон повис на проводе, свалил ее и разбил. Я была очень огорчена, но М.А. аккуратно склеил ее, и она служила много лет.

Невольно вспомнилось мне, как в „Белой гвардии" Булгаков воспевает абажур — символ тепла, уюта, семьи...

„А потом... потом в комнате противно, как во всякой комнате, где хаос укладки, и еще хуже, когда абажур сдернут с лампы. Никогда... Никогда не сдергивайте абажур с лампы! Абажур священен. Никогда не убегайте крысьей побежкой на неизвестность от опасности. У абажура дремлите, читайте — пусть воет вьюга — ждите, пока к вам придут."

Одним из первых посетителей нашего нового дома был лучезарный юноша Роман Кармен, с матерью которого мы познакомились в Коктебеле. Он только что начинал свой творческий путь. Он, насколько мне помнится, снял М.А., а мне подарил фотографию какой-то красивой овчарки. Это фото цело у меня до сих пор. Уже во время войны меня попросили из ВОКСа, где я временно работала, зайти к Кармену за каким-то материалом. Увы! От лучезарности не осталось и следа, как будто все до единой клеточки сменилось. Роман Кармен был красив, но суровой красотой. Стало жаль того, прелестного, от улыбки которого шел свет. Собственно говоря, вполне закономерно, что человек меняется с годами. Видимо, все зависит от степени изменения...

Этой зимой М.А. купил мне меховую шубу из хорька: сам повез меня в Столешников переулок, ждал, пока я примеряла. Надо было видеть, как он радовался этой шубе, тут же прозванной „леопардом". Леопард служил мне долго верой и правдой. Не меньшую радость доставила Маке и другая его покупка: золотой портсигар, которому служить верой и правдой не довелось: когда нас лишили „огня и воды", по выражению М.А., портсигар пришлось продать...

1927 год. Как-то наша большая приятельница Елена Павловна Лансберг повела нас к своим друзьям Ольге Федоровне и Валентину Сергеевичу Смышляевым (он был артистом 2-го МХАТа).

Шумно. Много народу. Все больше актеры этого театра. Центром внимания была интересная светло- и обильноволосая девушка армянского типа, которую все просили:

— Ну, Марина, еще, еще! Макраме сорок копеек!

Мы не понимали значения этих слов, пока не услышали монолога судакской портнихи, исполненного Мариной Спендиаровой с неподражаемым юмором и соблюдением крымского акцента со всеми его особенностями, доступными только тем, кто со дня рождения живет на юге... Позже Марина Александровна Спендиарова подружилась с нами и стала нашей преподавательницей английского языка.

Дочь композитора Александра Афанасьевича Спендиарова обладала незаурядными творческими способностями: она пела, рисовала, проявляла артистический дар. Сама того не подозревая, была она и талантливым педагогом. Мы оба с М.А. делали успехи. Он смешил нашу учительницу, стремясь перевести на английский язык непереводимые выражения вроде „гроб с музыкой" — *a coffin with music.* Марина Александровна смеялась и говорила:

— Нет, нет! Это не пойдет...

Англиское слово *spoon* — ложка — ему понравилось.

— Я люблю спать, — сказал М.А., — значит, я спун.

Марина Александровна до сих пор вспоминает, как театрально появлялся он в дверях своего кабинета, останавливался на „просцениуме”, т.е. на площадке, образуемой ступеньками, и после паузы приветствовал ее.

Этой же зимой мы познакомились с композитором Александром Афанасьевичем Спендиаровым. Привожу выдержку из дневника его дочери Марины: „Мы с папой были у Булгаковых. Любовь Евгеньевна спросила заранее, какое любимое папино блюдо. Я сказала: „Рябчики с красной капустой”. С утра я искала папу, чтобы сообщить ему адрес Булгаковых... Помню его голос в телефоне: „Это ты, Маришка? Ну, что ты? Ну, говори адрес... Хорошо, я приду, детка”. Когда я пришла, Михаил Афанасьевич, Любовь Евгеньевна и папа сидели вокруг стола. Папа сидел спиной к свету на фоне рождественской елки. Меня поразило то, что он такой грустный, поникший. Он весь в себе был, в своих мрачных мыслях и, не выходя из своего мрачного в то время мирка, говорил, глядя в тарелку, о накопившихся у него неприятностях. Потом, как-то неожиданно для всех, перешел на восхваление Армении. Чувствовалось, что в суолочной Москве он соскучился по ней.”

Мне Александр Афанасьевич понравился, но показался необычайно озабоченным, а поэтому каким-то отсутствующим.

Второй раз я увидела композитора Спендиарова уже за дирижерским пультом, и он, конечно, предстал совсем другим человеком...

Лето. Жарко. Собрались в Судак на дачу к Спендиаровым. Двухэтажный обжитой дом на самом берегу моря, можно накинуть халат и бежать купаться. Наша комната темноватая и прохладная.

Народу много — большая спендиаровская семья: мама (папа в отъезде), четыре дочки: Татьяна, Елена, Марина, Мария и два сына — Тася и Лёся. Сюда же приехали двое Ляминых, а М.А., побыв недолго, уехал обратно в Москву, пообещав вернуться за мной. За время его отсутствия мы с Лямиными успели побывать на горе Сокол, с которой чуть было не свалились, на Алчаке, в Генуэзской крепости, в Новом Свете... М.А. явился внезапно и сказал, что он нанял моторную лодку, которая отвезет нас прямо в Ялту.

Мы ехали долго. Нас везли два рыбака — пожилой и молодой, весь бронзовый. Море так блестело на солнце, было тихое и совсем близко, не где-то там, за далеким бортом парохода, а рядом — стоило только протянуть руку в серебристо-золотую парчу. М.А. был доволен, предлагал пристать, если приглянется какой-нибудь уголок на берегу. Когда мы приехали в Ялту, у меня слегка кружилась голова и рябило в глазах. Остановились мы у знакомых М.А. — Тихомировых. (Память, память, правильно ли донесла ты фамилию этих милых гостеприимных людей?).

На другой день мы пошли в Аутку, на дачу Антона Павловича Чехова, в мемориальный музей писателя. Все вверх и вверх. Дом стоит красиво на горе. Нас ласково приняла Мария Павловна, сестра писателя, и повела по комнатам. Дом показался нарядным и даже парадным и вместе с тем уютным. В это время здесь еще жил брат Антона Павловича Михаил Павлович, первый биограф писателя. Особенно нам понравился кабинет Чехова. Разноцветные стекла в полукружье большого итальянского окна смягчали лучи крымского солнца, и комната казалась прохладной. В кирпичный камин, прямо против письменного стола, врезан пейзаж Левитана. На столе все как было при Антоне Павловиче. На стенах много фотографий. Они придают всей комнате оттенок особой интимности. М.А. здесь не в первый раз. Я спросила его: „Мака, ты хотел бы иметь такой кабинет?" Он ничего не сказал, только кивнул утвердительно головой. За этим столом А.П.Чеховым было написано много хороших вещей: рассказы „Дама с собачкой", „Архиерей", „На святках", „Невеста", повесть „В овраге" и две пьесы — „Три сестры" и „Вишневый сад". Если б не болезнь и ранняя смерть, сколько бы еще радости получило человечество! Мария Павловна благостно улыбалась. Михаил Павлович был чем-то недоволен.

Булгаков любил Чехова, но не фанатичной любовью, свойственной некоторым чеховедам, а какой-то ласковой, как любят хорошего, умного старшего брата. Он особенно восторгался его записными книжками. Иногда цитировал — всегда неожиданно — „жена моя лютеранка”. Ты когда спишь, говоришь „хи-пуа, хи-пуа”...

У нас была такая игра: задавать друг другу какой-нибудь вопрос, на который надо было ответить сразу, ничего в уме не прикидывая и не подбирая. Он меня раз спросил:

— Какое литературное произведение, по-твоему, лучше всего написано?

Я ответила: „Тамань” Лермонтова.” Он сказал: „Вот и Антон Павлович так считает”. И тут же назвал письмо Чехова, где это сказано. Теперь-то, вспоминая, я вижу, как он вообще много знал. К тому же память у него была превосходная...

Мне было очень приятно, когда позже к нам на Пироговскую приехала Мария Павловна Чехова. Было в ней что-то необыкновенно простое и привлекательное...

1928 год. Апрель. Неуверенная серая московская весна. Незаметно даже, набухли ли на деревьях почки или нет. И вдруг Михаилу Афанасьевичу загорелось ехать на юг, сначала в Тифлис, а потом через Батум на Зеленый Мыс. Мы выехали 21 апреля днем в международном вагоне, где, по словам Маки, он особенно хорошо отдыхает.

Промелькнули подмосковные леса, пронеслись унылые средне-русские равнины. Становилось теплее. Наш вагон почти пустой: еще не сезон. С нами едет поэт Николай Асеев. Одно купе занимает артистка Камерного театра Назарова, бело-розовая женщина-дитя и с ней военный. Он в галифе, в сапогах, но в пижаме, из-под которой неуклюже и некрасиво торчит наган. Обычно пассажиры знакомятся быстро, от нечего делать беседуют долго и иногда интересно, но у нас все молчат. Асеев издали раскланялся с Булгаковым. За трое суток с „хвостиком” он перекинулся со мной всего несколькими фразами...

Какой сладостный переход от заснеженных полей к солнцу, зеленой траве и тюльпанам! Уж не знаю, по какой причине мы остановились прямо в поле... Все высыпали из вагонов, боязливо оглядываясь на поезд: не подведет ли. Захмелевшие от весеннего воздуха, возвращались мы по своим местам.

24 апреля — Тифлис. На вокзале нас встретила знакомая М.А. еще по Владикавказу — Ольга Казимировна Туркул, небольшая, русая, скромная женщина. Она предоставила нам ночлег на первую ночь. На другой день мы уже перебрались в гостиницу „Ориант" на проспект Руставели. Поздним вечером город очень красив и загадочен. Слегка вырисовываются темные силуэты гор, и какими-то особенными кажутся огоньки фонарей — блестки на черном бархате.

Тепло. Спим с открытыми окнами. Хожу в одном платье, что здесь не принято до 1-го мая. Так объяснила мне О.К.Туркул. Предполагалось, что М.А. будет вести переговоры с Русским драматическим театром о постановке „Зойкиной квартиры".

Встреча с директором театра состоялась. Помню его внешность и лицо жены, актрисы на главных ролях. Их двое, к ним присоединились актеры театра, и мы, в общем человек восемь, все направились в подвальчик, в ресторан с заманчивым названием „Симпатия". Тускло-золотистые стены были расписаны портретами: Пушкин, Лермонтов, *Горкий* (так и написано), все в медальонах из виноградных гроздьев и все на одно лицо сильно грузинского типа. За стойкой, заставленной национальными закусками, приправленными тархуном, киндзой, праси (это лук-порей), цицматом (особый сорт салата), стоял такой же черноусый грузин, как Пушкин, Лермонтов, Горкий.

Застолье длилось часов пять. Тост следовал за тостом. Только и слышалось „алаверды к вам, алаверды к вам". Был момент, когда за соседним столом внезапно разгорелась ссора: двое вскочили, что-то гортанно крича, сбросили пиджаки на край - маленького водоема, где плавали любимые грузинские рыбки и... я закрыла глаза, чтобы не видеть поножовщины, а когда открыла их, они оба сидели за столом и мирно чокались своим излюбленным кахетинским...

Купаемся в солнце. Купаемся в серных банях. Ходили через Верийский спуск в старый город, в Закурье. А Кура быстрая и желтая. Уж в ней-то ни капельки не хочется искупаться. То висячий балкон, то каменные ступени крутой, карабкающейся на гору лестницы вдруг остро напомнят мне Константинополь...

Наше пребывание в Тифлисе чуть не омрачилось одним происшествием. Как-то уже к вечеру О.К.Туркул пришла за нами звать в кино. М.А. отказался, сказал, что приляжет отдохнуть (он всегда спал после обеда, хотя уверял со своей милой покупающей улыбкой, что он не спит, а „обдумывает" новое произведение). Я ушла в кино и ключ от номера взяла с собой, заперев собирающегося спать Маку... Что-то мы с О.К. немного задержались, и, когда подходили к „Орианту", я поняла: что-то произошло. Пароконные извозчики, стоявшие вереницей у гостиницы, весело перекликались и поглядывали на одно из окон. До предела высунувшийся из окна взъерошенный М.А., увидев меня, крикнул на весь проспект Руставели:

— Я не ожидал от тебя этого, Любаша!

Внизу, в вестибюле, на меня накинулся грузин-коридорный:

— Зачэм ушла? Зачэм ключ унесла? Он такой злой, такой злой. Ключ трэбует... Ногами стучит.

— Так неужели второго ключа у вас нет?

— Второго нэт...

Та же О.К. привела нас на боковую улицу в кондитерскую и познакомила с хозяйкой-француженкой, а заодно и с ее внучкой Марикой Чимишкиан, полуфранцуженкой-полуармянкой, молодой и очень хорошенькой девушкой, которая потом много лет была связана с нашей семьей. Ей выпала печальная доля дежурить у постели умирающего писателя Булгакова в качестве сестры милосердия и друга...

Хотелось посмотреть город. М.А. нанял машину, и мы покатались вволю, а вечером пошли в театр смотреть „Ревизор" со Степаном Кузнецовым. Недалеко от нас в ложе сидела пожилая грузинка в национальном наряде: низкая шапочка надвинута на лоб, по бокам лица спускаются косы. Сзади к шапочке приколота прозрачная белая вуаль. Все в Тифлисе знали эту женщину — мать Сталина.

Я посмотрела первое действие и заскучала.

— Вот что, братцы, — сказала я Маке и Марике, — после Мейерхольда скучновато смотреть такого „Реви-

77

зора". Вы оставайтесь, а я пойду пошляюсь (страшно люблю гулять по незнакомым улицам).

Теперь самое время повернуть память вспять, в 1926 год — когда Мейерхольд поставил „Ревизора". Мы с М.А. были на генеральной репетиции и, когда ехали домой на извозчике, так спорили, что наш возница время от времени испуганно оглядывался. Спектакль мне понравился, было интересно. Я говорила, что режиссер имеет право показывать эпоху не только в мебели, тем более, если он талантливо это делает, а М.А. считал, что такое самовольное вторжение в произведение искажает замысел автора и свидетельствует о неуважении к нему. По-моему, мы, споря, кричали на всю Москву...

Уже начала мая. Едем через Батум на Зеленый Мыс.

Батум мне не понравился. Шел дождь, и был он под дождем серый и некрасивый. Об этом я в развернутом виде написала в письме к Ляминым, но мой „цензор" — М.А. — все вычеркнул.

Это удивительно, до чего он любил кавказское побережье — Батуми, Махинджаури, Цихидзири, но особенно Зеленый Мыс, если судить по „Запискам на манжетах", большей радости там в своих странствиях он не испытывал. „Слезы такие же соленые, как и морская вода," — написал он.

Зеленый Мыс у него также упоминается в пьесе „Адам и Ева". Герой и героиня мечтают стряхнуть с себя все городские заботы и на полтора месяца отправиться в свадебное путешествие на Зеленый Мыс.

Здесь мы устроились в пансионе датчанина Стюр, в бывшей вилле князей Барятинских, к которой надо подниматься, преодолев сотню ступеней. Мы приехали, когда отцветали камелии и все песчаные дорожки были усыпаны этими царственными цветами. Больше всего меня поразило обилие цветов... „Наконец и у нас тепло, — пишу я Ляминым. — Вчера видела знаменитый зеленый луч. Но не в нем дело. Дело в цветах. Господи, сколько их!" В конце письма Мака делает приписку: „Дорогие Тата и Коля! Передайте всем привет. Часто вспоминаю вас. Ваш М."

Когда снимали фильм „Хромой барин" по роману

А.Толстого, понадобилась Ницца. Лучшей Ниццы, чем этот уголок, в наших условиях трудно было и придумать.

Нас устроили в просторном помещении с тремя огромными, как в храме, окнами, в которые залетали ласточки и, прорезав в полете комнату насквозь, попискивая, вылетали. Простор сказывался во всем: в планировке комнат, террас, коридоров. В нижнем этаже находились холл и жилые комнаты Стюров — веселого простодушного хозяина-датчанина, говорившего „щукаль" вместо „шакал", его хорошенькой и кислой русской жены и 12-летней дочери Светланы, являвшей собой вылитый портрет отца.

Из Чиатур с марганцевой концессии приезжали два англичанина со своими дамами и жила — проездом на родину — молодая миловидная датчанка с детьми, плюс мы двое.

Было жарко и влажно. Пахло эвкалиптами. Цвели олеандровые рощи, куда мы ходили гулять со Светланой, пока однажды нас не встретил озабоченный М.А. и не сказал:

— Тебе попадет, Любаша.

И действительно, мадам Стюр, холодно глядя на меня, сухо попросила больше не брать ее дочь в дальние прогулки, т.к. сейчас кочуют курды и они могут Светлану украсть.

Эта таинственная фраза остается целиком на совести мадам Стюр.

Михаил Афанасьевич не очень-то любил пускаться в дальние прогулки, но в местный Ботанический сад мы пошли чуть ли не на другой день после приезда и очень обрадовались, когда к нам пристал симпатичный рыжий пес, совсем не бездомный, а просто, видимо, любящий компанию. Он привел нас к воротам Ботанического сада. С нами вошел, шел впереди, изредка оглядываясь и, если надо, нас поджидая. Мы сложили двустишие:

> Человек туда идет,
> Куда пес его ведет.

Осмотрев сад, мы все трое вышли в другие ворота.

Широкие коридоры нашей виллы освещались плохо,

и я, начитавшись приключений вампира графа Дракулы, боялась ходить в отдаленный уголок и умоляла М.А. постеречь в коридоре, при этом просила петь или свистеть. Помню, как он пел „Дивные очи, очи, как море, цвета лазури небес голубых” и приговаривал: „Господи, как глупо!” — и продолжал — „...то вы смеетесь, то вы грустите...”

Конечно, это было смешно, но граф Дракула требовал жертв...

Стоит посмотреть на фотографию М.А., снятую на Зеленом Мысе, и сразу станет ясно, что был он тогда спокоен и весел.

После Зеленого Мыса через Военно-Грузинскую дорогу во Владикавказ (Орджоникидзе). Наша машина была первая, пробравшаяся через перевал. Ничего страшного не случилось: надели цепи, разок отваливали снег. Во Владикавказе нас как первую ласточку встречали какие-то представители власти и мальчишки кричали „ура”.

Поезд наш на Москву уходил в 11 часов ночи. Мы гуляли по городу. М.А. не нашел, чтобы он очень изменился за те 6-7 лет, которые прошли со времени его странствий.

Запомнилось мне, что цвела сирень и было ее очень много. Чтобы убить время, мы взяли билеты в театр лилипутов. Давали оперетту „Баядера”. Зал был переполнен. Я никогда не видела такого смешного зрелища — будто дети играют во взрослых. Особенно нас пленил герой-любовник. Он был в пробковом шлеме, размахивал ручками, а голосом старался изобразить страсть. Аплодисменты гремели. Его засыпали сиренью.

Потом дома, в Москве, Мака изображал актеров-лилипутов с комической каменной физиономией и походкой на негнущихся ногах, при этом он как-то особенно поводил головой.

Предчувствую, что последняя обобщающая глава выйдет у меня растрепанной: уж очень многое вспоминается — и дурное, и хорошее. Все тут: самые разные люди, самые разные пьесы — „Бег”, „Мольер” (была посвящена мне), „Адам и Ева”. Повесть „Консультант с копытом”, легшая в основу романа „Мастер и Маргарита” (к творчеству этих лет я буду понемногу возвращаться).

В 29-30 г.г. мы с М.А. поехали как-то в гости к его старым знакомым, мужу и жене Моисеенко (жили они в доме Нирензее в Гнездниковском переулке). За столом сидела хорошо причесанная интересная дама — Елена Сергеевна Нюренберг, по мужу Шиловская. Она вскоре стала моей приятельницей и начала запросто и часто бывать у нас в доме.

Так на нашей семейной орбите появилась эта женщина, ставшая впоследствии третьей женой М.А.Булгакова.

Постоянными нашими посетителями были все те же Коля и Тата Лямины, Анна Ильинична Толстая с мужем П.С.Поповым, Сережа Топленинов, Никитинские, Петя Васильев, сестры Понсовы (одна из них — Елена — теперь была уже женой Виктора Станицына, другая — Лидия — замужем за литературоведом Андреем Александровичем Сабуровым).

Приехала из Севастополя моя родная тетка, прозванная М.А. „железная". И вот почему. Мы повели ее на „Дни Турбиных". Она просила, а то ей неловко, — сказала она, — вернуться из Москвы в Севастополь и не увидеть столь нашумевшей пьесы. За время спектакля она не улыбнулась ни разу! Подумать только, что это родная сестра моей матери. Мама уже не раз бы плакала и смеялась сквозь слезы.

„Железная" подарила мне зеленую „саблинскую" гостиную, которую после революции крестьяне разобрали по избам. М.А. очень веселился и сказал, что с таким же успехом она могла подарить мне московский Кремль.

Вскоре у нас появился племянник теткиного мужа (Валерий Николаевич Вильгельмов), мне уж ни с какой стороны не родственник, но он выдавал себя за моего двоюродного брата. Он отличался тем, что, не задумываясь, отвечал на все вопросы. Мака его разыгрывал.

— Интересно знать, сколько съедает взрослый лев? — вдруг спрашивал он, и тот молниеносно называл какую-нибудь фантастическую цифру. Бедный „всезнайка"! Он погиб в первые же месяцы войны в народном ополчении. Совсем непонятно, как могли его туда взять: у него был больной позвонок, и он всегда ходил в ортопедическом корсете.

Приходили и литературные девушки. Со мной они, бывало, едва-едва кланялись, т.к. видели во мне препятствие к своему возможному счастью. Помню двух. Одну с разлетающимися черными бровями, похожую на раскольничью богородицу. Читала она рассказ про щенка под названием „Растопыра". Вторая походила на Дона Базилио, а вот что читала, не помню. М.А. был к ним очень снисходителен. Приходили и начинающие писатели. Один был не без таланта, но тяжело болен психически: он никак не мог избавиться от слуховых галлюцинаций. Несколько раз мы — М.А., Коля Лямин и я — ездили в студенческие компании, в которых уютно проводили время, обсуждая различные литературные проблемы.

По мере того, как росла популярность М.А. как писателя, возрастало внимание к нему со стороны женщин, многие из которых (*nomina sunt odiosa*) проявляли уж чересчур большую настойчивость...

Сначала я буду вспоминать о благополучном житье. Так веселее, писать радостнее, и кажется, что отдаляются, уходят куда-то вдаль черные дни. Так совпало (1928 г.), что идут сразу все три пьесы: „Дни Турбиных", „Зойкина квартира" и „Багровый остров". Но братья-писатели и братья-журналисты „бдят". Наступит время (и оно уже не за горами), когда ничего не будет. А пока... пока к нам ходят разные люди. Из писателей вспоминаю Ильфа и Евгения Петрова, Николая Эрдмана, Юрия Олешу, Е.И. Замятина, актеров М.М.Яншина, Н.П.Хмелева, И.М.Кудрявцева, В.Я.Станицына. Случалось мелькал острый профиль Савонаролы — художника Н.Э.Радлова, приезжавшего из Ленинграда.

После роли Алексея Турбина меня обуяло желание познакомиться с Хмелевым. Меня ждало разочарование. О таких говорят „ни песен, ни басен". Вот поди разберись после этого в тайне его перевоплощений, которые наводили на меня почти мистический трепет. Что ни роль — то событие. Особенно в „Дядюшкином сне". Это вершина актерского мастерства. М.А. в виде пробы хотел показать в театре роль Мозглякова из этой пьесы. Мне он показывал отрывок — невольно подражал Владимиру Синицыну.

Интересные страницы посвятила актриса и режиссер М.И.Кнебель Хмелеву в своей книге „Вся жизнь”. Она дает сложный психологический анализ этой фигуры, подчеркивает его детскость, наивность, подозрительность и порой тяжелую для окружающих мнительность.

„Интуиция Хмелева была феноменальной, следить за ходом его творческого процесса было наслаждением, столько таилось на этом пути открытий и неожиданностей” (стр.442).

„Он двадцатым чувством чувствовал цельность характера” (слова режиссера А.Д.Попова по поводу трактовки Хмелевым роли Ивана Грозного в пьесе А.Н.Толстого „Трудные годы” — стр.444). Еще и еще раз скажу, что совершенно непонятно, как этот, ничем не примечательный молодой человек мог подняться на такие высоты театрального перевоплощения (пусть профессор Меилах, председатель комиссии комплексного изучения художественного творчества при Академии Наук, лауреат Государственной премии, разберется в этом вопросе).

Когда я буду писать о пьесе „Бег”, где главная, самая ответственная и сложная роль предназначалась Хмелеву, я еще вернусь к нему...

Пока длится благополучие, меня не покидает одна мечта. Ни драгоценности, ни туалеты меня не влекут. Мне хочется иметь маленький автомобиль. Наш поэт Вэдэ написал стихи с рефреном:

> Ах, вряд ли, вряд ли денег хватит
> на небольшой автомобиль...

Но мечтать-то ведь может всякий!

Когда приходили к нам старые приятели: Понсовы, Сережа Топленинов, Петя Васильев, мы устраивали „блошиные бои”. М.А. пристрастился к этой детской игре и достиг в ней необыкновенных успехов, за что получил прозвище „Мака-Булгака — блошиный царь”. Заходил сразиться в блошки и актер Камерного театра Т.Ф.Волошин со своей миниатюрной и милой женой японкой Инамэ-сан („Хризантема”). Иногда мы ходили на стадион химиков играть в теннис. Оба, бедняги, погибли в 1937 году, а куда делся их маленький сын Эмио-сан („Луч солнца"), не знаю...

В те годы мы часто ездили в „Кружок" — клуб работников искусств в Старопименовском переулке.

Почти каждый раз, за определенным столиком восседал Демьян Бедный, очень солидный, добротно сколоченный человек. В жизни не сказала бы, что это поэт. Скорее можно было бы представить себе, что это военный в генеральском чине...

В бильярдной зачастую сражались Булгаков и Маяковский, а я, сидя на возвышении, наблюдала за их игрой и думала, какие они разные. Начать с того, что М.А. предпочитал „пирамидку", игру более тонкую, а Маяковский тяготел к „американке" и достиг в ней большого мастерства.

Я думала не только о том, какие они разные, но и о том, почему Михаил Афанасьевич играет с таким каменным замкнутым лицом. Отношения между Булгаковым и Маяковским никогда в прессе не освещались, а следует поговорить о них. Чего стоит одно выступление Маяковского по докладу А.В.Луначарского „Театральная политика советской власти" (2 октября 1926 г. в Ленинграде). Цитировать это выступление не принято, но, с моей точки зрения, необходимо.

„В чем неправ совершенно, на 100%, был бы Анатолий Васильевич? Если бы думал, что эта самая „Белая гвардия" является случайностью в репертуаре Художественного театра. Я думаю, что это правильное логическое завершение: начали с тетей Маней и дядей Ваней и закончили „Белой гвардией" (смех). Для меня во сто раз приятнее, что это нарвало и прорвалось, чем если бы это затушевывалось под флагом аполитичности искусства. Возьмите пресловутую книгу Станиславского „Моя жизнь в искусстве", эту знаменитую гурманскую книгу, — это та же самая „Белая гвардия" — и там вы увидите такие песнопения по адресу купечества в самом предисловии... И в этом отношении „Белая гвардия" подпись на карточке внесла, явилась только завершающей на пути развития Художественного театра от аполитичности к „Белой гвардии"...

В отношении политики запрещения я считаю, что

она абсолютно вредна... Запретить пьесу, которая есть, которая только концентрирует и выводит на светлую водицу определенные настроения, какие есть, — такую пьесу запрещать не приходится. А если там вывели двух комсомольцев, то, давайте, я вам поставлю срыв этой пьесы, — меня не выведут. Двести человек будут свистеть, а сорвем, и милиции, и протоколов не побоимся *(аплодисменты)*.

...Мы случайно дали возможность под руку буржуазии Булгакову пискнуть — пискнул. А дальше не дадим *(голос с места: „Запретить?")*. Нет, не запретить. Чего вы добьетесь запрещением? Что эта литература будет разноситься по углам и читаться с таким же удовольствием, как я двести раз читал в переписанном виде стихотворения Есенина...

...революционные писатели идут плохо, ...новое искусство нужно продвигать..." *(высказывается против порнографических „Живых мощей" Калинникова)*.

„Вот эта безобразная политика пускания всей нашей работы по руслу свободной торговли: то, что может быть приобретено, приобретается, это хорошо, а все остальное, — плохо, — это чрезвычайно вредит и театральной, и литературной, и всякой другой политике. И это значительно вреднее для нас, чем вылезшая, нарвавшая „Белая Гвардия"." (В.В.Маяковский, *Полн. собр. соч. в 13 т.т.*, т.12, Москва, ГИХЛ, 1959, стр.303-305).

Теперь легко объяснить страдальчески-каменное выражение лица Булгакова!

Слава Богу, А.В.Луначарский эту „хунвэйбиновскую" акцию не разрешил.

Много раз перечитываю речь Маяковского и всегда недоумеваю: почему запретить, снять пьесу плохо, а двести человек привести в театр и устроить небывалый скандал, это можно, это хорошо.

Нападки Маяковского на книгу К.С.Станиславского тоже не умны. Подумаешь, какое воспевание купечества — горячо поблагодарил за помощь при основании театра.

Когда хор кусающих и улюлюкающих разросся, Маяковский в стихотворении „Буржуй-нуво" (1928 г.) не преминул куснуть Булгакова:

На ложу
в окно
театральных касс
тыкая
ногтем лаковым
он
дает
социальный заказ
на „Дни Турбиных" —

Булгаковым.

Комсомольская правда, 29 февраля 1928 г.

„Он" — это новый буржуа.

Даже допустив поэтическую гиперболу, все же непонятно, где в Советском Союзе водились такие буржуи и были настолько сильны и многочисленны, что могли давать социальный заказ на „Дни Турбиных" — кому? И уж совсем пренебрежительно, во множественном числе: Булгаковым.

В 1928 году вышла пьеса Маяковского „Клоп". Одно из действующих лиц, Зоя Березкина, произносит слово „буза".

„ПРОФЕССОР. Товарищ Березкина, вы стали жить воспоминаниями и заговорили непонятным языком. Сплошной словарь умерших слов. Что такое „буза" *(ищет в словаре).* Буза... буза... буза... Бюрократизм, богоискательство, бублики, богема, Булгаков..."

Если в стихотворении „Буржуй-нуво" Маяковский говорил, что „Дни Турбиных" написаны на потребу нэпманам, то в „Клопе" предсказывается писательская смерть М.А.Булгакова. Плохим пророком был Владимир Владимирович! Булгаков оказался в словаре не умерших, а заново оживших слов, оживших и зазвучавших с новой силой...

Запомнились мне постоянные посетители „Кружка", артисты Малого театра: Пров Садовский и Михаил Францевич Ленин. Однажды мы приехали ужинать с артисткой МХАТа Верой Сергеевной Соколовой. К нам подошел черноволосый немолодой человек (тип процветающего юриста) и обратился к Вере Сергеевне с немногими, но выразительными словами. Он рассказал, как давно любуется ее игрой, какой незабываемый образ создала она в роли Елизаветы Петровны, и, если она разрешит, он преподнесет ей ее портрет или во всяком случае похожее на нее изображение. Он живет совсем близко и съездит за портретом.

Мы сидели очень заинтригованные. Вера Сергеевна смутилась и порозовела. Через короткое время темноволосый человек появился и подарил В.С. овальную миниатюру на металле с женской головкой. Может быть, она еще цела у сына В.С.Соколовой и Л.В.Баратова — Андрея? Так элегантно и ненавязчиво проявил свое поклонение таланту Соколовой, этой действительно тонкой артистки, антиквар Макс Бенедиктов...

Этой зимой (1928 г.) мы ходили на лыжах с Художественным театром. Водил нас инструктор Владимир Иванович — тот, прозванный нашей Марусей „страшником” — на горы близ деревни Гладышево и в Сокольники. Лучше всех из нашей компании ходил на лыжах Иван Михайлович Кудрявцев (в „Турбиных” — Николка), как-то очень легко, невесомо, как „ангел по облакам”, по выражению Михаила Афанасьевича.

В Гладышеве была закусочная, где мы делали привал. На стене красовалась надпись: „Неприлчными словами не выражаца”. Мы и не выражались. Мы просто с удовольствием уничтожали яичницу-глазунью с колбасой, запивая ее пивом. Кудрявцев, помню, шутил: „Может, и в раю так же будет...” Мы съезжали с высоких гор, кувыркались, теряли лыжи, а наш инструктор спускался на одной ноге и хоть бы что. С нами ходила наша приятельница Ирина Кисловская (на групповом снимке стоит по левую руку Станицына). Михаилу Афанасьевичу очень нравилось, что она низвергалась, не раздумывая, с любой высокой точки, а раз стала на голову, зарылась целиком в снег, но отряхнулась и пошла дальше низвергаться как ни в чем не бывало.

Кроме лыж у меня завелось еще одно спортивное увлечение — верховая езда. Я ездила в группе в манеже Осоавиахима им. Подвойского на Поварской (теперь на ул. Воровского). Наш шеф Н.И.Подвойский иногда приходил к нам в манеж. Ненадолго мы объединились с женой артиста Михаила Александровича Чехова, Ксенией Карловной, и держали на паях лошадь „Нину”, существо упрямое, туповатое, часто становившееся на задние ноги, делавшее „свечку”, по выражению конников. Вскоре Чеховы уехали за границу, и „Нина” была ликвидирована.

За Михаилом Афанасьевичем, когда ему было нужно, приезжал мотоцикл с коляской, к удовольствию нашей Маруси, которая сейчас же прозвала его „черепашкой” и ласково поглядывала на ее владельца, весьма и весьма недурного собой молодца...

Из Тифлиса к нам приехала Марика Чимишкиан. Меня не было дома. Маруся затопила ей ванну (у нас всюду было печное отопление, и М.А. иногда сам топил печку в своем кабинете; помешивая, любил смотреть на подернутые золотом угли, но всегда боялся угара). В это время к нам на Пироговскую пришел в гости Павел Александрович Марков, литературовед, сотрудник МХАТа. М.А. сказал ему:

— К нам приехал в гости один старичок, хорошо рассказывает анекдоты. Сейчас он в ванне. Вымоется и выйдет...

Каково же было удивление Павла Александровича, когда в столовую вместо старичка вышла Марика! Я уже говорила, что она была прехорошенькая. Марков начал смеяться. Надо знать, как он смеется: не то всхлипывает, не то захлебывается, не то повизгивает. В этом смысле он уникален. Мака был доволен. Он радовался, когда шутки удавались, а удавались они почти всегда.

Помню, как-то раз мы поехали навестить нашу старую приятельницу Елену Павловну Лансберг. Как начался последовавший за тем розыгрыш, точно не вспомню, не знаю, кто был инициатором. Сделали вид, что пришла одна я, а М.А. должен был позвонить в парадную дверь позже и притвориться, что он фининспектор и пришел описывать антикварную обстановку Елены Павловны. Спектакль предназначался гостившей у нее родственнице из Ленинграда... Звонок. В комнату вошел — надо признаться — пренеприятный тип. Он отрекомендовался фининспектором этого участка и начал переходить от предмета к предмету, делая ехидные замечания. Родственница (помню, ее звали Олечка) сидела с каким-то застывшим выражением лица, потом отозвала Е.П. в соседнюю комнату и тревожно сказала шепотом:

— Это авантюрист какой-то! А ты у него даже не спросила документа!

Выходя к „фининспектору", она сказала, что в Ленинграде такие визиты не практикуются... Тут ей открыли истину. Должна сказать, что свою роль М.А. провел здорово. Я, бессловесная зрительница, наблюдала, как он ловко „вошел в образ", изменив походку, манеру говорить, жесты...

Вспоминается еще один розыгрыш. Как-то в мое отсутствие вечером Маке стало скучно. Тогда он позвонил другой нашей приятельнице, Зиновии Николаевне Дорофеевой, и угасающим голосом сказал, что ему плохо, что он умирает. Зика (это ее домашнее имя) и ее подруга заканчивали перманент. Не уложив волос, завязав мокрые головы полотенцами, они обе в тревоге бросились к нам на Пироговскую, где их ждал веселенький хозяин и ужин с вином. Тут к „холодным ножкам", как говорят в народе, подоспела и я. Не скрою, я очень удивилась, увидев дам в чалмах. Но за рюмкой вина все разъяснилось к общему удовольствию.

С приездом Марики появились у нас и общие знакомые. Она привела к нам свою подружку Киру Андроникову, родную сестру киноактрисы Наты Вачнадзе. Ничего, напоминающего сладкую красоту сестры, в Кире не было. У той глаза, как звезды, рот — розовый бутон, кожа — персик — весь арсенал женской восточной привлекательности. Кира же напоминала статного грузинского юношу, с чертами лица четкими и открытыми. Она вышла замуж за писателя Пильняка и разделила печальную его участь.

Марика познакомила нас еще с одной занятной парой. Он — Тонин Пиччин, итальянец, маленький, подвижный, черный, волосатый жук, вспыльчивый, всегда готовый рассердиться или рассмеяться. Она — русская, Татьяна Сергеевна, очень женственная, изящная женщина, влюбленная в своего мужа, всей душой привязанная к России.

Представляю себе, как она тосковала, когда ей пришлось вместе с мужем уехать в Италию. Он был инженер, представитель фирмы „Фиат", а их всех „за ненадобностью" (?) выдворили из Союза. Если бы они оба были сейчас живы, они непременно вернулись бы в нашу страну теперь, когда „Фиат" снова стал в чести.

М.А. написал им шутливые „домашние" стихи, которые я, конечно, не помню. Вспоминаю лишь строки, касающиеся Пиччина:

Я голову разбу, — кричит
И властно требует ключи,

ключи от машины, которую водила (и неплохо) Татьяна Сергеевна. Они бывали у нас, мы бывали у них. Часто кто-нибудь из них заезжал за нами на машине, чтобы покататься...

Погожий весенний день 1929 года. У нашего дома остановился большой открытый „Фиат": это мосье Пиччин заехал за нами. Выходим — Мака, я и Марика. В машине знакомимся с молодым красавцем в соломенном канотье (самый красивый из всех когда-либо виденных мной мужчин). Это итальянский журналист и публицист Курцио Малапарте (когда его спросили, почему он взял такой псевдоним, он ответил: „Потому что фамилия Бонапарте была уже занята"), человек неслыханно бурной биографии, сведения о которой можно почерпнуть во всех европейских справочниках, правда, с некоторыми расхождениями. В нашей печати тоже не раз упоминалась эта фамилия, вернее, псевдоним. Настоящее имя его и фамилия Курт Зуккерт.

Зеленым юношей в первую мировую войну пошел он добровольцем на французский фронт. Был отравлен газами, впервые примененными тогда немцами.

На его счету много острых выступлений в прессе: „Живая Европа", „Ум Ленина", „Волга начинается в Европе", „Капут" и много, много других произведений, нашумевших за границей и ни разу на русский язык не переводившихся. Если судить только по названиям, то они обличают крен влево. Но не всегда было так. Сначала поклонник Муссолини, потом его ожесточенный противник, он поплатился за это тяжелой ссылкой на Липарские острова. Умер он в 1957 году. У его смертного одра — по сообщениям иностранных источников — дежурил папский нунций, чтобы в последний момент он не отринул обрядов католической церкви. Но это я забежала вперед, а пока это обаятельно веселый человек, на которого приятно смотреть и с которым приятно общаться. К сожалению, он пробыл в Москве очень недолго.

Перехожу к одной из самых неприятных страниц моих воспоминаний — к личности Сергея Ермолинского, о котором по его выступлению в печати (я имею в виду журнал „Театр", №9, 1966 г. „О Михаиле Булгакове") может получиться превратное представление.

Летом 1929 года он познакомился с нашей Марикой и влюбился в нее. Как-то вечером он приехал за ней. Она собрала свой незамысловатый багаж. Мне было грустно. Маруся плакала, стоя у окна.

Ермолинский прожил с Марикой 27 лет, что не помешало ему в этих же воспоминаниях походя упомянуть о ней, как об „очень милой девушке из Тбилиси", не удостоив (это после двадцати-то семи лет совместной жизни!) даже назвать ее своей бывшей женой.

Жаль, что для мемуаристов не существует специальных тестов, определяющих правдивость и искренность автора. Плохо пришлось бы Ермолинскому перед детектором лжи. Я оставляю в стороне все его экскурсы в психологию: о многом он даже и не подозревает, хотя и претендует на роль конфидента М.А.Булгакова, который, кстати, никакого особого расположения к Ермолинскому не питал, а дружил с Марикой.

Об этом свидетельствуют хотя бы записки, оставшиеся от тех лет. Передо мной конверт, на нем написано рукой М.А.: „Марике Артемьевне для Любани" (не „другу" Сергею, а Марике).

А вот более поздняя записка от 5 февраля 1933 г.

„Любаня, я заходил к Марике в обеденное время (5 1/2), но, очевидно, у них что-то случилось — в окнах темно и только таксы лают. Целую тебя. М."

И в других памятках никогда никакого упоминания о Сергее Ермолинском. Прочтя этот „опус" в журнале „Театр", к сожалению, бойко написанный, много раз поражаешься беспринципности автора. В мое намерение не входит опровергать по пунктам Ермолинского, все его инсинуации и подтасовки, но кое-что сказать все же нужно. Хотя воспоминания его забиты цитатами (Мандельштам, дважды — Герцен, М.Пришвин, Хемингуэй, Заболоцкий, П.Вяземский, Гоголь, Пушкин, Грибоедов, П.Миримский), я все-таки добавлю еще одну цитату из „Горя от ума": „Здесь все есть, коли нет обмана". Есть обман! Да еще какой. Начать с авторской установки. Первое место занимает сам Ермолинский, второе — так и быть — отведено умирающему Булгакову, а третье — куда ни шло — Фадееву, фигуре на литературном горизонте значительной.

Видите ли, на Б.Пироговской Ермолинского, как и всех гостей, встречал рыжий пес Бутон. Его встречал не пес Бутон, а я, хозяйка дома, которая восемь с половиной лет была женой писателя Булгакова. Мне были посвящены им роман „Белая гвардия", повесть „Собачье сердце" и пьеса „Мольер". Ермолинский не мог этого не знать, но по своей двуличной манере он забывает то, что ему невыгодно помнить, как, например, свой двадцатисемилетний брак с Марикой Артемьевной Чимишкиан. „Забыл" он упомянуть и младшую сестру Михаила Афанасьевича Елену Афанасьевну, которая до последнего вздоха любимого брата была возле него. Подлаживаясь под выгодную для себя ситуацию, Ермолинский запросто смахнул живых людей, близких М.А.

На одном из последних предсмертных свиданий с сестрой Надеждой М.А. сказал ей: „Если б ты знала, как я боюсь воспоминателей!"

Могу себе представить, как возмутился бы он всей дешевой литературщиной, нескромностью, неблагородством воспоминаний С.Ермолинского...

Исподволь, без всякой надежды на приобретение автомобиля, я все же поступила на 1-е государственные курсы шоферов при Краснопресненском райсовете, не переставая ходить в манеж на верховую езду. К этому времени относится вот эта шутливая сценка-разговор М.А. по телефону с пьяненьким инструктором манежа.

Звонок

Я. Я слушаю Вас.

ГОЛОС. Любовь Евгениевна?

Я. Нет. Ее нет, к сожалению.

ГОЛОС. Как нет?.. Умница-женщина. Я всегда, когда что не так... *(икает)* ей говорю...

Я. Кто говорит?

ГОЛОС. Она в манеж ушла?

Я. Нет, она ушла за покупками.

ГОЛОС *(строго)*. Чего?

Я. Кто говорит?

ГОЛОС. Это супруг?

Я. Да, скажите, пожалуйста, с кем я говорю?

ГОЛОС. Кстин Аплоныч *(икает)* Крам... *(икает)*.

Я. Вы позвоните ей в пять часов, она будет к обеду.

ГОЛОС *(с досадой)*. Э... не могу я обедать... не в этом дело! Мерси. Очень приятно... Надеюсь, вы придете?..

Я. Мерси.

ГОЛОС. В гости... Я вас приму. В среду? Э? *(часто икает)*. Не надо ей ездить! Не надо. Вы меня понимаете?

Я. Гм...

ГОЛОС *(зловеще)*. Вы меня понимаете? Не надо ей ездить в манеже! В выходной день, я понимаю, мы дадим ей лошадь... А так не надо! Я гвардейский бывший офицер и говорю — не надо — нехорошо. Сегодня едет, завтра поскачет. Не надо *(таинственно)*. Вы меня понимаете?

Я. Гм...

ГОЛОС *(сурово)*. Ваше мнение?

Я. Я ничего не имею против того, чтобы она ездила.

ГОЛОС. Все?

Я. Все.

ГОЛОС. Гм... *(икает)*. Автомобиль? Молодец. Она в манеж ушла?

Я. Нет, в город.

ГОЛОС *(раздраженно)*. В какой город?

Я. Позвоните ей позже.

ГОЛОС. Очень приятно. В гости, с Любовь Евгениевной? Э! Она в манеж ушла?

Я *(раздраженно)*. Нет...

ГОЛОС. Это ее переутомляет! Ей нельзя ездить... *(бурно икает)*. Ну...

Я. До свидания... *(вешаю трубку)*.

(Пауза три минуты).

Звонок.

Я. Я слушаю вас.

ГОЛОС *(слабо, хрипло, умирая)*. Попроси... Лю... Бовьгенину.

Я. Она ушла.

ГОЛОС. В манеж?

Я. Нет, в город.

ГОЛОС. Гм... Ох... Извините... что пабскакоил... *(угасает)*.

(Вешаю трубку).

———

Конечно, в жизни все было по-другому, но так веселей... То самое время, о котором мечтали и которого так добивались „братья по перу", настало: все пьесы сняты.

На шоферских курсах, куда я поступила вместе с нашим знакомым Александром Викторовичем Талановым, я была единственная женщина (тогда автомобиль представлялся чем-то несбыточно сказочным).

Ездить по вечерам на курсы на Красную Пресню с двумя пересадками было муторно, но время учения пролетело быстро. Практику — это было самое приятное — проходили весной. Экзамены сдавали в самом начале мая. Было очень трогательно, когда мальчики после своих экзаменов приехали ко мне рассказать, что спрашивает комиссия, каких ошибок надо избегать, на какой зарубке держать газ. Шоферское свидетельство я получила 17 мая.

М.А. не преминул поделиться с друзьями: „Иду я как-то по улице с моей элегантной женой и вдруг с проносящейся мимо грузовой пятитонки раздается крик: „Наше вам с кисточкой!" Это так шоферы приветствуют мою супругу..."

Про кисточку, конечно, он сочинил, а что сплошь и рядом водители, проезжая мимо, здоровались, это верно...

У меня сохранилось много разных записок, открыток, посланных М.А. из различных мест. Вот 1928 год. Он едет на юг.

18 августа. Конотоп.

Дорогой Топсон (это одно из моих многочисленных прозвищ).

Еду благополучно и доволен, что вижу Украину. Только голодно в этом поезде зверски. Питаюсь чаем и видами. В купе я один и очень доволен, что можно писать. Привет домашним, в том числе и котам. Надеюсь, что к моему приезду второго уже не будет (продай его в рабство).

Тиш, тиш, тиш...

Твой М.

(Поясню, что такое „тиш, тиш, тиш". Это когда кто-нибудь из нас бушевал, другой его так успокаивал).

18 августа 28 г. Под Киевом.

Дорогой Топсон,
Я начинаю верить в свою звезду: погода испортилась!

Твой М.

Тиш, тиш, тиш!
Как тянет земля, на которой человек родился.

19 авг.

Я в Одессе, гостиница „Империаль".

М.

13 октября 28 г. За Харьковым.

Дорогой Любан,
Я проснулся от предчувствия под Белгородом. И точно: в Белгороде мой международный вагон выкинули к черту, т.к. треснул в нем болт. И я еду в другом не международном вагоне. Всю ночь испортили.

(Далее М.А. пишет о декларации, которую надо подавать в фининспекцию). И приписка: *„Не хочу, чтобы выкинули вагон!"*

Твой

(Это выражение имеет свою историю. Мой племянник,

когда был маленький, необыкновенно капризничал, особенно за едой. „Не хочу", — только и было слышно. Тогда ему сказали: „Ну что ты капризничаешь? Ты уже все съел!" Тогда он заорал: „Не хочу, чтобы съел!").

Есть и рисунки. Существовал у нас семейный домовой Рогаш. Он появлялся всегда неожиданно и показывал свои рожки: зря нападал, ворчал, сердился по пустому поводу.

Иногда Рогаш раскаивался и спешил загладить свою вину. На рисунке М.А. он несет мне, Любанге, или сокращенно Банге, кольцо с бриллиантом в 5 каратов. Кольцо это, конечно, чисто символическое...

Из дорогих вещей М.А. подарил мне хорошие жемчужные серьги, которые в минуту жизни трудную я продала. А вот имя Банга перешло в роман „Мастер и Маргарита". Так зовут любимую собаку Пилата...

Уже у нас нет Маруси с ее необыкновенными куличами — она вышла замуж. У нас Нюша, или Анна Матвеевна, девушка шибко грамотная, добродушная, с ленцой и любопытная. Чтобы парализовать ее любопытство, М.А. иногда пишет латинскими буквами:

Ja podosrevaju chto kochka ne otchien sita.

М.

Когда меня долго нет, коты возмущаются:

„Токуйю маму
    Выбрассит вяму
        Уважающийся Кот
P.S. Паппа Лег
      спат сго
    Ря"

А вот записка от необыкновенно озорного и веселого котенка Флюшки, который будто бы бил все, что подворачивалось ему „под лапу". На самом же деле старались Мака и Анна Матвеевна, а потом мне подсовывали на память осколки и письмишко вроде этого:

„Даррагой мами от FlüchkE".

Флюшка с Бутоном затевали бурные игры и возились,

пока не впадали в изнеможение. Тогда они, как два рас-
пластанных полотенца, лежали на полу, все же искоса поглядывая друг на друга. Эти игры мы называли „сатурна-
лиями". Помнится, я спросила Марикиного приятеля —
кинематографиста Венцеля, нельзя ли снять их полные
грации, изобретательности и веселия игры. Он ответил —
нельзя: в квартире нет подходящего освещения, а под
сильной лампой, они играть не будут.

Принесенный мной с Арбата серый озорной котенок
Флюшка (у нас его украли, когда он сидел на форточке
и дышал свежим воздухом), — это прототип веселого кота
Бегемота, спутника Воланда („Мастер и Маргарита").

„— Не шалю. Никого не трогаю. Починяю примус..."
Я так и вижу повадки Флюшки!

Послания котов чередуются с записками самого М.А.

    „Дорогая кошечка,
На шкаф, на хозяйство, на портниху, на зубного врача,
на сладости, на вино, на ковры и автомобиль — 30 рублей.

Кота я вывел на свежий воздух, причем он держался
за мою жилетку и рыдал.

    Твой любящий.
    Я на тебя, Ларион, не сержусь."

(Последняя фраза из „Дней Турбиных". Мышлаевский
говорит ее Лариосику).

В начале лета 1928 г. я задумала поехать на Волгу
в г.Вольск, чтобы отыскать там могилу мамы и брата,
умерших от сыпного тифа во время голода в Поволжье.
Надо было поставить ограду.

Незадолго до моей поездки проездом из Ленинграда
в Тифлис у нас остановилась Марика Чимишкиан. В день
ее отъезда позвонил Маяковский и сказал, что он заедет
проводить Марику (они старые тифлисские знакомые).
В поместительной машине сидел он и киноактриса Ната
Вачнадзе. Присоединились и мы трое. Большое внимание
проявил В.В. по отношению к Марике: шоколад, питье
в дорогу, журналы, чтобы она не скучала. И все как-то
очень просто и ласково. По правде говоря, я не ожидала
от него этого. Обратно мы ехали молча. Я сказала:

— Что это мы молчим? Едем как с похорон.

Ната и Мака промолчали, а Владимир Владимирович сказал:

— Действительно, как с похорон.

Должно быть, здорово нравилась ему наша Марика!

Путешествие мое на пароходе от Нижнего до Вольска по разлившейся Волге было красиво и приятно. Из окрестных лесов ветер доносил запах ландышей. Дышалось легко и радостно.

К счастью, в Вольске я нашла старую знакомую и из грязных меблирашек „Южный полюс" перебралась к ней в чистый, заставленный цветами уютный домик. „Город обветшал, обтрепался, а сколько умерло, не сосчитать," — пишу я Тате Ляминой в Елатьму.

Переписываю целиком сердитое письмо-телеграмму, присланную мне в Вольск М.А. 16 июня.

„Полтораста рублей перевел телеграфом, намучившись на телеграфе вследствие чудовищного адреса двойная нумерация поразительна — это двойной номер дома или первый номер дома второй квартиры прелестнее всего загадочное слово румянцева мужчина или женщина дом румянцева или квартира румянцевой или не дом и не квартира а просто лицо которое должно фигурировать денежном адресе выбрасываю это слово безжалостно все целуем подтверди получение денег и пришли сколько нибудь осмысленный адрес Мака."

Вторая телеграмма, посланная из Москвы двумя днями позже, более милостива: „Домашние тоже соскучились рады что поиски успешны целуют пенаты".

„Пенаты" — это весь комплекс домашней жизни. В первой телеграмме, видно, принимал участие Рогаш, о котором я писала и чей портрет приложила.

Самые ответственные моменты зачастую отражаются в шутливых записках М.А. Когда гражданская смерть, т.е. полное изничтожение писателя Булгакова стало невыносимым, он решил обратиться к правительству, вернее, к Сталину. Передо мной две записки.

„Не уны... Я бу боро..." — стояло в одной. И в другой: „Папа придумал! И решился"...

По Москве сейчас ходит якобы копия письма М.А. к правительству. Спешу оговориться, что это „эссе" на шести страницах не имеет ничего общего с подлинником. Я никак не могу сообразить, кому выгодно пустить в обращение этот „опус". Начать с того, что подлинное письмо, во-первых, было коротким. Во-вторых, — за границу он не просился. В-третьих, — в письме не было никаких выспренних выражений, никаких философских обобщений. Основная мысль булгаковского письма была очень проста.

„Дайте писателю возможность писать. Объявив ему гражданскую смерть, вы толкаете его на самую крайнюю меру."

Вспомним хронику событий:

в 1925 году кончил самоубийством поэт Сергей Есенин;

в 1926 году — писатель Андрей Соболь;

в апреле 1930 года, когда обращение Булгакова, посланное в конце марта, было уже в руках Сталина, застрелился Владимир Маяковский. Ведь не хорошо получилось бы, если бы в том же году наложил на себя руки Михаил. Булгаков?

Вообще восстановлению истины и прекращению появления подобных „эссе" очень помог бы архив Сталина, который, я уверена, сохранился в полном порядке.

„Письмо", ныне ходящее по рукам, — это довольно развязная компиляция истины и вымысла, наглядный пример недопустимого смешения исторической правды. Можно ли представить себе, что умный человек, долго обдумывающий свой шаг, обращаясь к „грозному духу", говорит следующее:

„Обо мне писали как о „литературном уборщике", подбирающем объедки после того, как „наплевала дюжина гостей"."

Нужно быть ненормальным, чтобы процитировать такое в обращении к правительству, а М.А. был вполне нормален, умен и хорошо воспитан... Однажды, совершенно неожиданно, раздался телефонный звонок. Звонил из Центрального Комитета партии секретарь Сталина Товстуха. К телефону подошла я и позвала М.А., а сама занялась домашними делами. М.А. взял трубку и вскоре так громко и нервно крикнул „Любаша!", что я опрометью бросилась к телефону (у нас были отводные от аппарата наушники).

На проводе был Сталин. Он говорил глуховатым голосом, с явным грузинским акцентом и себя называл в третьем лице. „Сталин получил, Сталин прочел..." („Уже и сам себя нередко, / Он в третьем называл лице." А.Твардовский, *За далью даль,* „Правда", 29 апреля 1960 г.). Он предложил Булгакову:

— Может быть, вы хотите уехать за границу?

(Незадолго перед этим по просьбе Горького был выпущен за границу писатель Евгений Замятин с женой). Но М.А. предпочел остаться в Союзе.

Прямым результатом беседы со Сталиным было назначение М.А.Булгакова на работу в Театр рабочей молодежи, сокращенно ТРАМ.

Вскоре после этого у нас на Пироговской появились двое молодых людей. Один высокомерный — Федор Кнорре, другой держался лучше — Николай Крючков. ТРАМ — не Художественный театр, куда жаждал попасть М.А., но капризничать не приходилось. Трамовцы уезжали в Крым и пригласили Булгакова с собой. Он поехал.

15 июля 1930 г. Утро. Под Курском.

Ну, Любаня, можешь радоваться. Я уехал! Ты скучаешь без меня, конечно? Кстати: из Ленинграда должна быть телеграмма из театра. Телеграфируй мне коротко, что предлагает мне театр. Адрес свой я буду знать, повидимому, в Севастополе. Душка, зайди к портному. Вскрывай всю корреспонденцию. Твой.

Бурная энергия трамовцев гоняла их по поезду, и они принесли известие, что в мягком вагоне есть место. В Серпухове я доплатил и перешел.

В Серпухове в буфете не было ни одной капли никакой жидкости. Представляете себе трамовцев с гитарой, без подушек, без чайников, без воды, на деревянных лавках? К утру трупики, надо полагать. Я устроил свое хозяйство на верхней полке. С отвращением любуюсь пейзажами. Солнце. Гуси.

16 июля 1930 г. Под Симферополем. Утро.

Дорогая Любаня! Здесь яркое солнце. Крым такой же противненький, как и был. Трамовцы бодры как огурчики. На станциях в буфетах кой-что попадается, но большею частью пустовато. Бабы к поездам на юге выносят огурцы, вишни, яйца, булки, лук, молоко. Поезд опаздывает. В Харькове видел Оленьку (очень мила, принесла мне папирос), Федю, Комиссарова и Лесли. Вышли к поезду. Целую! Как Бутон?

Пожалуйста, ангел, сходи к Бычкову-портному, чтобы поберег костюм мой. Буду мерить по приезде. Если будет телеграмма из театра в Ленинграде — телеграфируй. М.

17 июля 1930 г. Крым. Мисхор. Пансионат „Магнолия".

Дорогая Любинька, устроился хорошо. Погода неописуемо хороша. Я очень жалею, что нет никого из приятелей, все чужие личики*. Питание: частным образом, по-видимому, ни черта нет. По путевкам в пансионате — сносно вполне. Жаль, что не было возможности мне взять тебя (совесть грызет, что я один под солнцем). Сейчас еду в Ялту на катере, хочу посмотреть, что там. Привет всем. Целую.

Мак.

*Но трамовцы — симпатичны.

Делаю пояснение к письму от 16 июля. Оленька — Ольга Сергеевна Бокшанская, секретарь В.И.Немировича-Данченко, Федя — Федор Николаевич Михальский, администратор Художественного театра. Комиссаров и Лесли — актеры этого же театра.

В скором времени после приезда в Крым М.А. получил вызов в ЦК партии, но бумага показалась Булгакову подозрительной. Это оказалось „милой шуткой" Юрия Олеши. Вообще Москва широко комментировала звонок Сталина. Каждый вносил свою лепту выдумки, что и продолжается по сей день. Роман с Театром рабочей молодежи так и не состоялся: М.А. направили на работу в Художественный театр, чего он в то время пламенно добивался.

По вечерам нередко к нам приезжала писательница Наталия Алексеевна Венкстерн. Она уже написала пьесу „В 1825 году”, шедшую с большим успехом во МХАТе 2-ом. В ней особенно хороши были Гиацинтова и Берсенев. Московский Художественный театр заказал писательнице инсценировку „Пиквикского клуба” Диккенса. По Москве тогда пошли слухи, что пьесу написал Булгаков. Это неправда: Москва любит посплетничать. Наташа приносила готовые куски, в которых она добросовестно старалась сохранить длинные диккенсовские периоды, а М.А. молниеносно переделывал их в короткие сценические диалоги. Было очень интересно наблюдать за этим колдовским превращением. Но Наталия Венкстерн, женщина умная и способная, очень скоро уловила, чего добивался Булгаков.

„Пиквикский клуб” был поставлен в МХАТе в 1934 году В.Станицыным. Декорации в стиле старинной английской раскрашенной гравюры написал П.Вильямс, музыку — Н.Сизов. Некоторые песенки до сих пор еще звучат в моей памяти:

„Здравствуй, дом,
Прощай, дорога,” —

много раз напевали москвичи. В роли судьи в этой пьесе в 1935 году выступал М.А. Это была единственная роль, сыгранная им в МХАТе.

Публика любила этот молодой, жизнерадостный спектакль. Мне кажется, он и сейчас был бы интересен и даже нужен для молодежи как образец английской классики.

В это кризисное время я постаралась устроиться на работу. Еще на шоферских курсах инженер Борис Эдуардович Шпринк, читавший у нас моторостроение и работавший заместителем главного редактора „Технической энциклопедии”, предложил мне поступить к ним в редакцию. Я поступила. Мне нравилось. Все были очень культурны, и там легко дышалось.

— Эх, Любашка, ничего из этого дела не выйдет, — сказал Михаил Афанасьевич. У него, видно, было обостренное ощущение существовавшей недоброжелательности по отношению к себе, писателю Булгакову, а рикошетом и ко мне, его жене.

Он как в воду смотрел. Истекал положенный месячный срок перед проведением меня в штат: не хватало нескольких дней. Борис Эдуардович позвал к себе в кабинет и как-то смущенно сказал, что кадры меня не пропускают.

— Сам Людвиг Карлович (это главный редактор, Мартенс) беседовал с кадрами, настойчиво просил за вас, пытался убедить их, но все напрасно.

Я поблагодарила и отбыла к себе на Пироговскую. Тогда я не знала, что представляет собой Людвиг Карлович Мартенс. Знала, что это культурный, воспитанный и доброжелательный человек. Прошло 35 лет. И вот передо мной „Известия" за 19 января 1965 г. Рубрика: *Борцы за великое дело.* Портрет. Заголовок: *Дипломат, ученый, изобретатель.* В краткой биографии говорится, что Людвиг Карлович Мартенс был стойким большевиком-ленинцем, соратником Владимира Ильича, выполнявшим в Германии и Англии революционные поручения самого Ленина. По его же указанию и решению ЦК партии Мартенс в 1919 г. был назначен представителем Советского правительства в Соединенных Штатах, где провел два трудных и бурных года. Ему все же удалось организовать в Нью-Йорке советскую миссию и основать два общества: „Друзья Советской России" и „Техническая помощь Советской России".

Когда он вернулся в Москву, в кремлевской квартире состоялась его дружественная встреча с В.И.Лениным. Людвиг Карлович Мартенс играл большую роль в становлении хозяйства и техники молодой советской республики, был членом президиума Госплана СССР, был ректором и профессором в Московском техническом институте им. Ломоносова. На его счету научные работы и изобретения... Мне приятно, что такой человек заступился за меня.

Но кадры оказались все же сильнее видного соратника Ленина!

В 1931 году Всеволод Мейерхольд пригласил Михаила Афанасьевича приехать к нему в театр побеседовать.

Прошло шесть лет, и Мейерхольд, видно, успел забыть, что было написано в повести Булгакова „Роковые яйца" (сборник „Дьяволиада", изд-во „Недра", 1925 г., стр.79) :

„Театр имени покойного Всеволода Мейерхольда, погибшего, как известно, в 1927 году при постановке пушкинского „Бориса Годунова", когда обрушились трапеции с голыми боярами, выбросил движущуюся разных цветов электрическую вывеску, возвещавшую пьесу писателя Эрендорга „Курий дох"..."

Мейерхольд забыл, а вот писатель Эренбург не забыл и не простил этот „Курий дох"...

Не только в „Дьяволиаде" М.А.Булгаков полемизировал с режиссерским направлением Мейерхольда. Передо мной фельетон писателя „Столица в блокноте", напечатанный в газете „Накануне" 9 февраля 1923 года. В нем имеется раздел VI „Биомеханическая глава" (привожу отрывки из нее) .

„Зови меня вандалом.
Я это имя заслужил.

Признаюсь: прежде, чем написать эти строки, я долго колебался. Боялся. Потом решил рискнуть.

После того, как я убедился, что „Гугеноты" и „Риголетто" перестали меня развлекать, я резко кинулся на левый фронт. Причиной этого был Эренбург, написавший книгу „А все-таки она вертится", и двое длинноволосых московских футуристов, которые появлялись ко мне ежедневно в течение недели, за вечерним чаем ругали меня „мещанином".

Неприятно, когда это слово тычут в глаза, и я пошел, будь они прокляты! Пошел в театр ГИТИС на „Великодушного рогоносца" в постановке Мейерхольда.

Дело вот в чем: я человек рабочий. Каждый миллион дается мне путем ночных бессонниц и дневной зверской беготни. Мои денежки, — как раз те самые, что носят название кровных. Театр для меня — наслаждение, покой, развлечение, словом, все, что угодно, кроме средства нажить новую хорошую неврастению, тем более, что в Москве есть десятки возможностей нажить ее и без затраты на театральные билеты.

Я не И.Эренбург и не театральный мудрый критик, но судите сами: в общипанном, ободранном, сквозняковом театре вместо сцены — дыра (занавеса, конечно, нету и следа). В глубине — голая кирпичная стена с двумя гробовыми окнами. А перед стеной сооружение. По сравнению с ним проект Татлина может считаться образцом ясности и простоты. Какие-то клетки, наклонные плоскости, палки, дверки и колеса. И на колесах буквы кверху ногами „сч" и „те". Театральные плотники, как дома, ходят взад и вперед, и долго нельзя понять: началось ли уже действие или еще нет.

Когда же начинается (узнаешь об этом по тому, что все-таки вспыхивает откуда-то сбоку свет на сцене), появляются синие люди (актеры и актрисы, все в синем...).

Действие: женщина, подобрав синюю юбку, съезжает с наклонной плоскости на том, на чем и женщины и мужчины сидят. Женщина мужчине чистит зад платяной щеткой. Женщина на плечах у мужчины ездит, прикрывая стыдливо ноги прозодеждной юбкой.

— Это биомеханика, — пояснил мне приятель.

Биомеханика!! Беспомощность этих синих биомехаников, в свое время учившихся произносить слащавые монологи, вне конкуренции. И это, заметьте, в двух шагах от Никитинского цирка, где клоун Лазаренко ошеломляет чудовищными сальто!

Кого-то вертящейся дверью колотят уныло и настойчиво по тому же самому месту. В зале настроение как на кладбище, у могилы любимой жены. Колеса вертятся и скрипят.

После первого акта капельдинер:

— Не понравилось у нас, господин?

Улыбка настолько нагла, что мучительно захотелось биомахнуть его по уху...

— Мейерхольд — гений!!! — завывал футурист.

Не спорю. Очень возможно. Пускай — гений. Мне все равно. Но не следует забывать, что гений одинок, а я — масса. Я — зритель. Театр для меня. Желаю ходить в понятный театр".

Когда мы приехали в театр Мейерхольда, шла пьеса

Юрия Олеши „Список благодеяний". Он был на спектакле. Я помню, что пьеса хорошо смотрелась, но в последнем акте не совсем понятно было, почему вдруг умирает героиня (играла Зинаида Райх).

— От шальной пули парижского ажана, — объяснил нам Олеша.

Мы пошли за кулисы к Мейерхольду. В жизни не видела более неуютного театра, да еще неприятного мне по воспоминаниям. В 1927 году здесь происходил диспут по поводу двух постановок „Дни Турбиных" и „Любовь Яровая" Тренева. Из двух „воспоминателей" — Ермолинского и Миндлина — последний все же ближе к истине хотя бы потому, что отметил, как с достоинством держался М.А.; не задыхался, руками не размахивал, ничего не выкрикивал, как сообщает об этом Ермолинский (журнал *Театр*, 1966, №9).

Журнал „Огонек" частично опубликовал стенограмму этого диспута (№11, март 1969 г., стр. 25).

М.А. выступил экспромтом и поэтому не очень гладко, но основная мысль его выступления ясна и настойчивый преследователь Булгакова Орлинский получил по носу.

Я живо представила себе, как в далекие времена происходило судилище над еретиком под председательством Великого Инквизитора... Нужно отдать должное бедному моему „еретику" — он был на высоте.

Мне хочется попутно сказать несколько слов о Юрии Олеше. Когда в 1965 году вышла его книга „Ни дня без строчки" (Изд-во „Советская Россия", М.), я с жадностью принялась ее читать в тайной надежде увидеть хоть несколько строк о Булгакове. Ведь они долго работали вместе, их пьесы игрались в одном театре, Олеша бывал у нас, М.А. называл его „малыш" и отнесся так снисходительно к „шутке", когда Олеша мистифицировал Булгакова, послав ему „вызов" в ЦК. Кому-кому, а уж Олеше логикой взаимного расположение было положено вспомнить М.А. Но нет, не тут-то было — ни строчки. Что это? Умысел ретивого редактора? Как-то мне не верится, что в рукописи не было ни разу даже упомянуто имя писателя Булгакова.

В предисловии отмечена скромность автора книги. Привожу цитату.

„Когда репетируют эту пьесу, я вижу, как хорошо в общем был написан „Список благодеяний". Тут даже можно применить слова: какое замечательное произведение!.." (стр. 160).

И еще: „У меня есть убеждение, что я написал книгу („Зависть"), которая будет жить века. У меня сохранился ее черновик, написанный мною от руки. От этих листков исходит эманация изящества. Вот как я говорю о себе!" (стр. 161).

И последняя цитата, после конфликта с газетчиком у киоска: „Думал ли я, мальчик, игравший в футбол, думал ли я, знаменитый писатель, на которого, кстати, оглядывался весь театр, что в жаркий день, летом, отойду от киоска, прогнанный, и поделом" (стр. 181).

Чехов так бы никогда писать не стал. Булгаков о себе тоже никогда бы так не написал.

Разве это называется скромность?

1931 год ознаменован главным образом работой над „Мертвыми душами", инсценировкой М.А. для Художественного театра. Конечно, будь воля драматурга, он подошел бы к произведению своего обожаемого писателя не так академично, как этого требовал театр. Да он и представил другой, свой любимый вариант или, вернее, план варианта: Гоголь в Риме. А затем Гоголь исполняет роль Первого — ведет спектакль. Писал М.А. с увлечением и мечтал, представляя себе, как это будет звучать и смотреться со сцены. Текст почти целиком взят из Гоголя: скомпонован он был виртуозно. Но Станиславский не согласился с Булгаковым и остановился на академическом варианте.

Мака очень огорчился и все приговаривал: „Как жаль Рима!.. Где мой Рим?"

Булгаков не только инсценировал „Мертвые души", но и принимал участие в выпуске спектакля в качестве режиссера-ассистента.

В 1932 году „Мервые души" увидели свет рампы (спешу оговориться: в книге М.Кнебель „Вся жизнь" на стр. 250 ошибочно указан год выпуска пьесы — 1933).

Основные роли разошлись так:

И.М.Москвин — Ноздрев
И.М.Тарханов — Собакевич
Л.М.Леонидов — Плюшкин
В.О.Топорков — Чичиков
М.П.Лилина — Коробочка
М.Н.Кедров — Манилов
В.Я.Станицын — губернатор.

Вскоре после премьеры как-то днем раздался телефонный звонок. К аппарату подошел М.А., сказал несколько слов, отложил трубку и обратился ко мне:

— С тобой хочет поговорить Константин Сергеевич.

Я замахала руками, отрицательно затрясла головой; но, ничего не поделаешь, пришлось подойти.

— Интересный ли получился спектакль? — спросил К.С.

Я ответила утвердительно, слегка покривив душой. Видно, необыкновенный старик почувствовал неладное. Он сказал:

— Да вы не стесняйтесь сказать правду. Нам бы очень не хотелось, чтобы спектакль напоминал школьные иллюстрации.

Я уж не сказала К.С., что именно школьные годы напомнил мне этот спектакль, и Александринку в Петрограде, куда нас водили смотреть произведения классиков...

Вспоминая сейчас прошедшие годы нашей пестрой жизни, хочется полнее сказать о некоторых чертах характера Михаила Афанасьевича. Он был как-то застенчиво добр: не любил афишировать, когда делал что-то хорошее.

Был такой случай: нам сообщили, что у нашей приятельницы Елены Павловны Лансберг наступили роды и проходят они очень тяжело: она страшно мучается. Мака мгновенно, не говоря ни слова, направился в родильный дом. Дальше вспоминает сама Елена Павловна спустя много лет, уже тогда, когда М.А. не было на свете.

— Он появился совершенно неожиданно, был особенно ласков и так старался меня успокоить, что я должна была успокоиться хотя бы из чувства простой благодарности. Но без всяких шуток: он вытащил меня из полосы черного мрака и дал мне силы переносить дальнейшие страдания. Было что-то гипнотизирующее в его успокоительных словах, и потому всю жизнь я помню, как он помог мне в такие тяжелые дни...

В более поздние годы к нам повадилась ходить дальняя родственница первой жены М.А. (первая жена Михаила Афанасьевича Булгакова — Татьяна Николаевна Лаппа, на которой он женился еще будучи студентом), некая девушка Маня, существо во многих отношениях странное, с которым надо было держать ухо востро. Работая на заводе, она однажды не поладила с начальством и в пику ему закатила такую истерику (воображаю!), что ее отправили в психиатрическую больницу. Правда, через несколько дней врач разобрался, что это притворщица и выписал ее домой. М.А. спросил ее, на что же она рассчитывала, устраивая такие фокусы. „На вас, — не моргнув глазом, ответила она. — Я знала, что вы меня все равно во что бы то ни стало выручите!"

Вообще-то она была девка бросовая, но вот в доброте Михаила Афанасьевича ни минуты не сомневалась...

Михаил Афанасьевич любил животных, но это я его „заразила". Я рада, что привнесла совершенно новую тему в творчество писателя. Я имею в виду, как в его произведениях преломилось мое тяготение, вернее, моя постоянная, неизменная любовь к животным.

Вот передо мной весь его литературный путь. Нигде, никогда (если не считать фельетона „Говорящая собака", напечатанного в „Гудке", да и собака-то там — объект жульничества), не останавливается он на изображении домашней кошки, любимой собаки: их у него просто не было, как вообще не водились они в киевском доме Булгаковых.

Обратимся к роману „Белая гвардия". Обжитой дом, уютная обстановка, дружная семья. Казалось бы, где как не там, приютиться и свернуться калачиком на старом кресле домашнему коту. Нет. Не может здесь этого быть. И вот появляюсь я, а вокруг меня всегда ютится и кормится всякое зверье.

В 1925 году в нашем первом совместном доме (в Чистом переулке) написана повесть „Собачье сердце", посвященная мне. Герой повести, бродячий пес Шарик, написан с проникновенной симпатией.

Следующее наше жилье в М. Левшинском переулке ,,оснащено'' кошкой Мукой. Она воспета в рукописной книжке ,,Муки-Маки'' (стихи Вэдэ, иллюстрации Н.Ушаковой и С.Топленинова).

В последнем, неоконченном произведении М.А., ,,Театральном романе'', в главе ,,Неврастения'' Максудов, от лица которого ведется повествование, подвержен страху смерти. В своем одиночестве он ищет ,,помощи и защиты от смерти.'' ,,И эту помощь я нашел. Тихо мяукнула кошка, которую я некогда подобрал в воротах. Зверь встревожился. Через секунду зверь уже сидел на газетах, смотрел на меня круглыми глазами, спрашивал, что случилось. Дымчатый тощий зверь был заинтересован в том, чтобы ничего не случилось. В самом деле, кто же будет кормить эту старую кошку?''

,,— Это приступ неврастении, — объяснил я кошке, — она уже завелась во мне, будет развиваться и сгложет меня. Но пока еще можно жить...''

Следующий этап — пес Бутон (назван в честь слуги Мольера).

Мы переезжаем в отдельную трехкомнатную квартиру на Б. Пироговской, где будет царить Бутон.

В романе ,,Мастер и Маргарита'' в свите Воланда изображен волшебный кот-озорник Бегемот, по определению самого писателя, ,,лучший шут, какой существовал когда-либо в мире''. Прототипом послужил наш озорной и обаятельный котенок Флюшка.

В этом же романе (в главах, написанных с непревзойденным мастерством) у прокуратора Иудеи, всадника и патриция Понтия Пилата, существует любимая собака Банга. На допросе Иешуа, когда наступает переломный момент и головная боль у прокуратора проходит, Иешуа говорит Пилату: ,,Ты не можешь даже и думать о чем-нибудь и мечтаешь только о том, чтобы пришла твоя собака, единственное, по-видимому, существо, к которому ты привязан...''

В пьесе ,,Адам и Ева'' (1931 г.) даже на фоне катастрофы мирового масштаба академик Ефросимов, химик, изобретатель аппарата, нейтрализующего самые страшные газы, тоскует, что не успел облучить своего единственного друга, собаку Жака, и этим предотвратить его гибель.

„ЕФРОСИМОВ. Ах, если бы не Жак, я был бы совершенно одинок на этом свете, потому что нельзя же считать мою тетку, которая гладит сорочки... Жак освещает мою жизнь. Жак — это моя собака. Вижу, идут четверо, несут щенка и смеются. Оказывается — вешать! И я им заплатил 12 рублей, чтобы они не вешали его. Теперь он взрослый, и я никогда не расстаюсь с ним. В неядовитые дни он сидит у меня в лаборатории и смотрит, как я работаю. За что вешать собаку?"

* * *

Мы часто опаздывали и всегда торопились. Иногда бежали за транспортом. Но Михаил Афанасьевич неизменно приговаривал: „Главное — не терять достоинства."

Перебирая в памяти прожитые с ним годы, можно сказать, что эта фраза, произносимая иногда по шутливому поводу, и была кредо всей жизни писателя Булгакова.

„Банге
— Рогач
с Кольцом (5 кар.)
14/V 1928 г.
М

НЕМНОГО О ТЕАТРЕ ТЕХ ЛЕТ

Закончу я свои воспоминания небольшой главой об искусстве, связанной с творчеством М.А.Булгакова и с театром тех лет, не претендуя, конечно, на исчерпывающий анализ. Поворот в отношении к творчеству писателя не может не радовать, но память — „злой властелин" — невольно отбрасывает к тем годам.

Вспоминаю, как постепенно распухал альбом вырезок с разносными отзывами и как постепенно истощалось стоическое к ним отношение со стороны М.А., а попутно истощалась и нервная система писателя: он стал раздражительней, подозрительней, стал плохо спать, начал дергать головой и плечом (нервный тик).

Надо только удивляться, что творческий запал (видно, были большие его запасы у писателя Булгакова!) не иссяк от этих непрерывных груборугательных статей. Я бы рада сказать критических статей, но не могу — язык не поворачивается...

„Не верю в светильник под спудом, — одно из высказываний М.А.Булгакова. — Рано или поздно, писатель все равно скажет то, что хочет сказать". Эти его слова находятся в прямой связи с евангельским изречением: „И зажегши свечу не ставит ее под сосудом, но на подсвечнике и светит во всем доме" (от Матфея, гл. 5, ст. 15).

И действительно, творческая мысль живет и светит. И рукописи не горят...

На большом подъеме в эти годы была написана пьеса „Бег" (1928 г.), которую совершенно произвольно наши литературоведы называют продолжением „Дней Турбиных". Сам Михаил Афанасьевич никогда не рассматривал ее как продолжение „Дней Турбиных". Хотя пьеса была посвящена основным исполнителям „Турбиных" и ему мечталось увидеть их на сцене в „Беге", все же драматургическое звучание этой вещи совершенно иное, камертон дан на иной отправной ноте. Хватка драматурга окрепла, диапазон писателя расширился, и его изобразительная палитра расцвела новыми красками. В „Днях Турбиных" показано начало белого движения, в „Беге" — конец. Таким образом, вторая пьеса продолжает первую только во времени. Впрочем, в мою задачу не входит полемика с теми, кто думает иначе. „Бег" — моя любимая пьеса, и я считаю ее пьесой необыкновенной силы, самой значительной и интересной из всех драматургических произведений писателя Булгакова.

К сожалению, я сейчас не вспомню, какими военными источниками, кроме воспоминаний генерала Слащева (Я.А.Слащев, *Крым в 1920 году. Отрывки из воспоминаний с предисловием Д.Фурманова*, М.-Л., Гослитиздат, 1924), пользовался М.А., работая над „Бегом". Помню, что на одной карте были изображены все военные передвижения красных и белых войск и показаны, как это и полагается на военных картах, мельчайшие населенные пункты.

Карту мы раскладывали и, сверяя ее с текстом книги, прочерчивали путь наступления красных и отступления белых, поэтому в пьесе так много подлинных названий, связанных с историческими боями и передвижениями войск: Перекоп, Сиваш, Чонгар, Курчулан, Алманайка, Бабий Гай, Арабатская стрелка, Таганаш, Юшунь, Керман- -Кемальчи...

Чтобы надышаться атмосферой Константинополя, в котором я прожила несколько месяцев, М.А. просил меня рассказывать о городе. Я рассказывала, а он как художник брал только самые яркие пятна, нужные ему для сценического изображения.

Крики, суета, интернациональная толпа большого восточного города показаны им выразительно и правдиво (напомню, что Константинополь в то время был в ведении представителей Франции, Англии, Италии. Внутренний порядок охраняла международная полиция. Султан номинально еще существовал, но по ту сторону Босфора, на азиатском берегу, уже постреливал Кемаль).

Что касается „тараканьих бегов", то они с необыкновенным булгаковским блеском и фантазией родились из рассказа Аркадия Аверченко „Константинопольский зверинец", где автор делится своими константинопольскими впечатлениями тех лет. На самом деле, конечно, никаких тараканьих бегов не существовало. Это лишь горькая гипербола и символ — вот, мол, ничего иного эмигрантам не остается, кроме тараканьих бегов.

Не раз рассказывала я М.А. о самых различных встречах, происшествиях и переживаниях, предшествующих нашему браку лет. Он находил их интересными и собственноручно (по моим рассказам) набросал для меня план предполагаемой книги, которая мной так и не была написана, но пишется сейчас. С грустью думаю, что в его бумагах план этот не сохранился.

С особым внимание отнесся М.А. к моему устному портрету Владимира Пименовича Крымова, петербургского литератора. Он чем-то заинтересовал творческую лабораторию писателя и вылился позже в окарикатуренный образ Парамона Ильича Корзухина.

В.П.Крымов был редактором и соиздателем петербургского журнала „Столица и усадьба” и автором неплохой книги „Богомолы в коробочке”, где рассказывал свои впечатления о кругосветном путешествии. Происходил он из сибирских старообрядцев. Из России уехал, как только запахло революцией, „когда рябчик в ресторане стал стоить вместо сорока копеек — шестьдесят”... Это свидетельствовало о том, что в стране неблагополучно”, — его собственные слова. Будучи богатым человеком, почти в каждом европейском государстве приобретал он недвижимую собственность, вплоть до Гонолулу...

Сцена в Париже у Корзухина написана под влиянием моего рассказа о том, как я села играть в девятку с Владимиром Пименовичем и его компанией (в первый раз в жизни!) и всех обыграла. Он не признавал женской прислуги. Дом обслуживал бывший военный — Клименко. В пьесе — лакей Антуан Грищенко.

В ремарке, характеризующей Хлудова, автор пишет: „Хлудов курнос, как Павел”. Это скорей относится к Хмелеву, который действительно был курнос, чем к прототипу Хлудова — Слащеву.

Мы с М.А. заранее предвкушали радость, представляя себе, что сделает из этой роли Хмелев со своими неограниченными возможностями. Пьесу Московский Художественный театр принял и уже начал репетировать.

Основные роли разошлись так:

Хлудов — Н.П.Хмелев
Чарнота — Б.Г.Добронравов
Серафима — В.С.Соколова
Люська — О.Н.Андровская
Голубков — М.М.Яншин
Корзухин — ....
Африкан — ....
Врангель — Малолетков

Ужасен был удар, когда ее запретили. Как будто в доме появился покойник...

В 1959 году я попала в Ленинградский академический театр драмы им. А.С. Пушкина на представление моей любимой пьесы. Ни постановка, ни игра меня не удовлетворили. Черкасов, игравший Хлудова, стараясь изобразить гвардейского офицера, присвоил себе какой-то странный „одесский" акцент. Чарнота походил на Тараса Бульбу, а Константинополь не походил на Константинополь (постановка народного артиста Л.С. Вивьена, художник — засл. деятель искусств РСФСР А.Ф.Босулаев). Никакого „анафемского" успеха, предсказанного Горьким, пьеса не имела.

1929 год. Пишется пьеса „Мольер" („Кабала святош"). Действует все тот же не убитый или еще не добитый творческий инстинкт. Перевожу с французского биографии Мольера. Помню длинное торжественное стихотворение, где творчество его отожествляется с силами и красотой природы...

М.А. ходит по кабинету, диктует текст, играя попутно то или иное действующее лицо. Это очень увлекательное действо.

Мне нравится, как французы пишут биографии: у них много ярких деталей, дающих драматургу сценическую краску. Вспоминаю, с каким вкусом и знанием дела автор, истый француз, описывал туалет Арманды: желтое шелковое платье, отделанное белыми кружевами...

Как сейчас вижу некрасивое талантливое лицо Михаила Афанасьевича, когда он немножко в нос декламирует:

Но вот пьеса закончена. Первое чтение состоялось у Ляминых. На втором, у нас на Пироговской, присутствовали О.Л.Книппер-Чехова, И.М.Москвин, В.Я.Станицын, М.М.Яншин, П.А.Марков и Лямины. На столе М.А. в канделябрах горели свечи. Читал он, как всегда, блистательно.

Премьера в МХАТе состоялась 15 февраля 1936 года.

Постановка Н.М.Горчакова. Режиссеры-ассистенты: М.А.Булгаков, Б.Н.Ливанов, В.В.Протасевич. Музыка Р.М. Глиэра. Художник — П.В.Вильямс.

Основные роли разошлись так:

Жан-Батист Поклен Мольер, великий драматург и актер — В.Я.Станицын,

Мадлена Бежар, первая жена Мольера, актриса — Л.М.Коренева,

Арманда Бежар, ее сестра, впоследствии вторая жена Мольера, актриса — А.О.Степанова,

Лагранж, актер и секретарь театра Мольера — Г.А.Герасимов,

Муаррон, приемный сын Мольера, актер его театра — Б.Н.Ливанов,

Бутон, тушильщик свечей в театре Мольера и личный его слуга — М.Яншин,

Людовик XIV, король Франции — М.П.Болдуман,

Герцог д'Орсиньи, капитан черных мушкетеров — Н.А.Подгорный,

Архиепископ Парижский, маркиз де Шарон — Н.Н.Соснин.

Не повезло этому произведению М.А.! После нескольких представлений пьеса была снята. Я не видела этого спектакля, но совершенно уверена, что того глумления, которое претерпела уже в наши дни пьеса в Театре Ленинского комсомола, во МХАТе быть не могло.

Я долго крепилась, не шла смотреть „Мольера" в постановке А.В. Эфроса: с меня было вполне достаточно одной „Чайки" в его „обработке". Но вот мне подарили билет ко дню именин, и мне уж никак нельзя было отказаться и не пойти.

Пьеса в свое время была посвящена мне. Но я не представляла, что меня ожидает.

Начать с того, что не каждый драматургический текст поддается чисто условной трактовке, когда сам зритель неустанно должен ломать себе голову, стараясь угадать кто — кто, кто — где и почему именно так...

Почему зритель, например, должен понять, что среди бестолково набросанного театрального реквизита пробирается „Солнце Франции", Людовик XIV? Вряд ли сам актер верил, что изображает это „Солнце". Не верили и мы, зрители.

Почему ведущая актриса Парижского (Парижского!) театра Мадлена Бежар похожа в последнем акте на подмосковную огородницу в кофте навыпуск? Почему другая актриса, Арманда Бежар, впоследствии жена Мольера, вела себя так вульгарно? Условная трактовка — прием тонкий и, если зритель воспринимает веками установившуюся условность японского театра Кабуки, то „шиворот-навыворот" А.В. Эфроса — явление не очень хорошего вкуса. Признаюсь откровенно: я пространствала весь спектакль и ушла с горьким чувством обиды за Михаила Афанасьевича Булгакова, талант которого нет-нет да и прорывался сквозь режиссерскую шелуху. Тогда сразу становилось интересно и легко на душе.

Композитор Андрей Волконский, вообще-то человек со вкусом, к тому же всю юность проведший во Франции, в данном случае внес свою лепту в общую неразбериху.

И вот какая мысль принципиального порядка пришла мне в голову. Представим себе, что широкую улицу переходит там, где положено и когда положено, писатель Булгаков, а на мотоцикле мчится Эфрос, не обращая внимания на световые сигналы, сшибает Булгакова и наносит ему телесные увечья. Он ответит со всей строгостью советского закона — так мне сказали юристы и подсказала логика. Так почему же при нанесении моральных увечий произведению писателя никто не несет никакой ответственности? Почему?

В 1962 году в серии „Жизнь замечательных людей" вышла биография Мольера М.А.Булгакова. Тридцать лет

118

прошло после ее написания!

В свое время основатель серии Горький, прочитав рукопись Булгакова, сказал главному редактору Александру Николаевичу Тихонову (Сереброву):

— Что и говорить, конечно, талантливо. Но если мы будем печатать такие книги, нам, пожалуй, попадет...

Я тогда как раз работала в „ЖЗЛ", и А.Н.Тихонов, неизменно дружески относившийся ко мне, тут же, по горячим следам, передал мне отзыв Горького.

В примечании к странице 138 биографии Мольера профессор Г.Бояджиев упрекал Булгакова в том, что он уделяет внимание версии о предполагаемом отцовстве Мольера: будто бы Арманда Бежар, ставшая впоследствии его женой, была его собственной дочерью от Мадлены Бежар. „Враги великого писателя, — писал проф. Бояджиев, — обвиняли его в кровосмесительном браке. Новейшая научная мольеристика опровергла эту клевету".

Но вот передо мной газета „Юманите" от 11 июня 1963 года, которую уж никак нельзя заподозрить во враждебном отношении к Мольеру. Читаю заголовок: „Нуждается ли Арманда Бежар в оправдании?" „В 1663 году в церкви Сен-Жермен Оксеруа состоялось бракосочетание Жана-Батиста Поклена, так называемого Мольера, с Армандой Бежар. Она была создательницей главных женских ролей в произведениях великого писателя. Роли эти, как утверждают, писались специально для ее и отражали многие черты ее характера: Элиза в „Критике жизни женщин", Эльмира в „Тартюфе", Селимена в „Мизантропе", Элиза в „Скупом".

Имя Арманды Бежар связано со многими загадками: была ли она сестрой или дочерью Мадлены Бежар, возлюбленной совладелицы театра Мольера? Или собственной дочерью Поклена? Сделала ли она несчастным Мольера или наоборот: пожилой, больной, ревнивый муж сделал ее жизнь невыносимой? Жан Берже и мадам Шевалле постараются ответить на все эти вопросы в своем докладе, названном ими „Славные имена прошлого", который состоится в Медоне, в доме, где Арманда Бежар жила после смерти своего мужа.

Мы увидим также сцену из „Мещанина во дворянстве", сыгранную Жаном-Полем Русийоном, и сцену из „Мизантропа", исполненную Франсуазой Кристоф и Рено Мари".

(Четверг, в 19 часов 10 м.)

М.А.Булгаков писал своего „Молера" в 1932-33 г.г., а французы через тридцать лет публично еще обсуждают вопрос — не была ли Арманда Бежар дочерью прославленного драматурга. Вот и выходит, что точка зрения официальной мольеристики не обязательна даже и для самих французов.

На том же широком писательском дыхании, что и „Бег", была написана фантастическая пьеса „Адам и Ева" (1931 г.).

Пьесе своей автор предпослал цитату из произведения „Боевые газы": „Участь смельчаков, считавших, что газа бояться нечего, всегда была одинакова — смерть!" И тут же, чтобы смягчить тяжелое впечатление, привел и другую, мирную цитату из Библии: „...и не буду больше поражать всего живущего, как я сделал... Впредь во все дни сеяние и жатва не прекратятся..."

Профессор химии академик Ефросимов сконструировал аппарат, нейтрализующий действие самых страшных, самых разрушительных газов. Его изобретение должно спасти человечество от гибели. Глубокий пацифизм характеризует академика Ефросимова. Об этом свидетельствует следующий диалог. Летчик Дараган спрашивает Ефросимова:

— Профессор, вот вы говорили, что возможно такое изобретение, которое исключит химическую войну.

„ЕФРОСИМОВ. Да.

ДАРАГАН. Поразительно! Вы даже спрашивали, куда его сдать.

ЕФРОСИМОВ. Ах, да. Это мучительный вопрос. Я полагаю, что, чтобы спасти человечество от беды, нужно сдать такое изобретение всем странам сразу..."

Но пацифизм академика не только не встречает сочувствия среди окружающих, наоборот, вызывает подозрительность и рождает мысль о его предательстве.

Катастрофа все же неизбежна. Мастер, делавший

футляр для аппарата, принес его слишком поздно.

М.А. читал пьесу в Театре имени Вахтангова в том же году. Вахтанговцы, большие дипломаты, пригласили на чтение Алксниса, начальника Военно-Воздушных Сил Союза... Он сказал, что ставить эту пьесу нельзя, так как по ходу действия погибает Ленинград.

Конечно, при желании можно было подойти к этому произведению с другими критериями. Во-первых, изменить название города, а во-вторых, не забывать, что это фантастика, которая создает и губит — на то она и фантастика — целые миры, целые планеты...

Здесь же, на Большой Пироговской, был написан „Консультант с копытом" (первый вариант в 1928 году), легший в основу романа „Мастер и Маргарита". Насколько помню, вещь была стройней, подобранней: в ней меньше было „чертовщины", хотя событиями в Москве распоряжался все тот же Воланд с верным своим спутником волшебным котом. Начал Воланд также с Патриарших прудов, где не Аннушка, а Пелагеюшка пролила на трамвайные рельсы роковое постное масло. Сцена казни Иешуа была так же прекрасно-отточенно написана, как и в дальнейших вариантах романа.

Из бытовых сцен очень запомнился аукцион в бывшей церкви.

Аукцион ведет бывший диакон, который продает шубу бывшего царя...

Несколько строк в „Мастере" пронзили меня навсегда в самое сердце. „Боги, боги мои! Как грустна вечерняя земля! Как таинственны туманы над болотами! Кто блуждал в этих туманах, кто много страдал перед смертью, кто летел над этой землей, неся на себе непосильный груз, тот это знает. Это знает уставший. И он без сожаления покидает туманы земли, ее болотца и реки, он отдается с легким сердцем в руки смерти, зная, что только она одна успокоит его".

Строки эти — скорбный вздох — всегда со мной. Они и сейчас трогают меня до слез...

В описании архива Михаила Булгакова (*Записки отдела рукописей,* Выпуск 37, Библиотека им. Ленина, М., 1976 г.) подробно рассматриваются все варианты романа „Мастер и Маргарита", т.е. история его написания, однако отмечается: „Нам ничего не известно о зарождении замысла второго романа".

Вот что по этому поводу могу рассказать я. Когда мы познакомились с Н.Н. Ляминым и его женой художницей Н.А. Ушаковой, она подарила М.А. книжку, к которой сделала обложку, фронтисписную иллюстрацию „Черную карету" — и концовку. Это „Венедиктов, или достопамятные события жизни моей. Романтическая повесть, написанная ботаником Х, иллюстрированная фитопатологом Y. Москва, V год Республики". На титульном листе: „Мечте возрожденной (Р.В.Ц. Москва, №818. Тираж 1000 экз. 1-я образцовая тип. МСНХ. Пятницкая, 71)".

Автор, нигде не открывшийся, — профессор Александр Васильевич Чаянов.

Н.Ушакова, иллюстрируя книгу, была поражена, что герой, от имени которого ведется рассказ, носит фамилию Булгаков. Не меньше был поражен этим совпадением и Михаил Афанасьевич.

Все повествование связано с пребыванием сатаны в Москве, с борьбой Булгакова за душу любимой женщины, попавшей в подчинение к дьяволу. Повесть Чаянова сложна: она изобилует необыкновенными происшествиями. Рассказчик, Булгаков, внезапно ощущает гнет необычайный над своей душой: „...казалось, чья-то тяжелая рука опустилась на мой мозг, раздробляя костные покровы черепа..." Так почувствовал повествователь присутствие дьявола.

Сатана в Москве. Происходит встреча его с Булгаковым в театре Медокса...

На сцене прелестная артистка, неотступно всматривающаяся в темноту зрительного зала „с выражением покорности и страдания душевного". Булгакова поражает эта женщина: она становится его мечтой и смыслом жизни.

Перед кем же трепещет артистка?

... „Это был он... Он роста скорее высокого, чем низкого, в сером, немного старомодном сюртуке, с седеющими волосами и потухшим взором, все еще устремленным на сцену... Кругом него не было языков пламени, не пахло серой, все было в нем обыденно и обычно, но эта дьявольская обыденность насыщена *значительным и властвующим...*" (подчеркнуто автором).

По ночной Москве преследует герой повести зловещую черную карету, уносящую Настеньку (так зовут героиню) в неведомую даль... Любуется попутно спящим городом и особенно „уходящей ввысь громадой Пашкова дома".

Судьба сталкивает Булгакова с Венедиктовым, и тот рассказывает о своей дьявольской способности безраздельно овладевать человеческими душами.

„Беспредельна власть моя, Булгаков, — говорит он, — и беспредельна тоска моя, чем больше власти, тем больше тоски..." Он повествует о своей бурной жизни, о черной мессе, оргиях, преступлениях и неожиданно: „Ничего ты не понимаешь, Булгаков! — резко остановился передо мной мой страшный собеседник. — Знаешь ли ты, что лежит вот в этой железной шкатулке?.. Твоя душа в ней, Булгаков!" Но душу свою у Венедиктова Булгаков отыгрывает в карты.

После многих бурных событий и смерти Венедиктова душа Настеньки обретает свободу и полюбившие друг друга Настенька и Булгаков соединяют свои жизни.

С полной уверенностью я говорю, что небольшая повесть эта послужила зарождением замысла, творческим толчком для написания романа „Мастер и Маргарита".

Это легко проследить, сравнив вступление первого варианта романа со вступлением повести Чаянова. Невольно обращает на себя внимание общий речевой их строй.

Автор описания архива М.А. пишет: „Роман начался вступлением от повествователя — человека непрофессионального, взявшегося за перо с единственной целью — запечатлеть поразившие его события".

Читаем у М.А.Булгакова: „Клянусь честью /.../ пронизывает меня, лишь только берусь я за перо, чтобы /описать чудовищные/ происшествия /беспокоит меня лишь/ то, что не бу/дучи... писателем/ я не сумею /... эти происшествия/ сколько-нибудь передать.../

Бог с ними /впрочем, со словесными тон/ костями... за эфемерно/й славой писателя я не гонюсь, а /меня мучает.../"

Сравним выступление у Чаянова.

„...Размышляя так многие годы в сельском моем уединении, пришел я к мысли описать по примеру херонейского философа жизнь человека обыденного, российского, и, не зная в подробностях чьей-либо чужой жизни и не располагая библиотеками, решил я, может быть без достаточной скромности, приступить к описанию достопамятностей собственной жизни, полагая, что многие из них небезлюбопытны будут читателям".

Не только одинаков речевой строй, но и содержание вступления: то же опасение, что не справиться автору, непрофессиональному писателю с описанием „достопамятностей" своей жизни. В обоих произведениях повествование ведется от первого лица.

Хочется высказать несколько соображений по поводу прототипа Феси, героя первого варианта одиннадцатой главы романа „Мастер и Маргарита" (тот же 37 выпуск, стр. 70, примеч. 108).

Автор обзора довольно смело указывает на старого знакомого (еще с юных лет) Н.Н. Лямина — на Бориса Исааковича Ярхо как на прототип Феси. Мне кажется это совершенно не выдерживающим никакой критики. Начать с того, что М.А. никогда Ярхо не интересовался, никогда никаких литературных бесед — и никаких других — персонально с Ярхо не вел. Интересы и вкусы их никогда и не пересекались. Кроме того, они встречались очень редко, т.к. Ярхо не посещал всех чтений М.А.Булгакова у Ляминых, а у нас не бывал так же, как и М.А. не бывал у Ярхо. К этому разговору я привлекла Наталью Абрамовну Ушакову. Она совершенно согласилась со мной, напомнив, что Ярхо выглядел комично-шарообразно и говорил с каким-то смешным особым придыханием. Эрудиции во многих областях, включая знание чуть ли не 20 языков, никто у него не отнимает, но к Фесе он никакого отношения не имеет. Я уже объясняла выше, как попало имя Феся к М.А. Булгакову.

Хочется хотя бы бегло вспомнить спектакли тех лет, которые мы почти всегда смотрели вместе с М.А. или же по тем или иным причинам оставшиеся в памяти.

Ранним летом 1926 года нам пришлось вместе с Михаилом Афанасьевичем пережить значительное театральное событие — постановку в Большом театре оперы Римского-Корсакова „Сказание о невидимом граде Китеже и о деве Февронии".

Когда М.А. слушал волновавшую его серьезную музыку, у него делалось особенное лицо, он как-то хорошел даже. Я очень любила это его выражение лица. Февронию пела Держинская, Гришку-Кутерьму — Озеров, дирижировал Сук, декорации писал Коровин (которые, кстати, и не запомнились вовсе). Что началось после этой постановки! На твердой позиции неоспоримой ценности оперы стоял музыкальный критик Сергей Чемоданов (*Программы академических театров,* №37, 1 июня 1926 г.). Его поддержал Сергей Богуславский, но Садко (опять все тот же Садко!) с цепи рвался, чтобы опорочить творчество Римского-Корсакова: „...академической охране из всего оперного наследства Р.-К. подлежат лишь три „этапных" оперы („Снегурочка", „Садко", „Золотой петушок"). Остальные далеко не „бессмертны"... Надо только не впадать в охранительный восторг и сохранять трезвой свою голову! Словом, никакой беды и ущерба искусству не будет, если государство откажется от богослужебного „Китежа" в пользу частных обществ верующих" (*Жизнь искусства,* №22, 1 июня 1926 г.).

И дальше тот же Садко выступает еще грубее:

„Радиопередача" во вторник передавала по радио из Большого театра религиозную оперу „Китеж", являющуюся и по тексту и по музыке сплошным богослужением. Передача, как обычно, сопровождалась музыкальными пояснениями. Чрезвычайно подробно и елейным тоном излагалось содержание оперы.

— Колокола звонят, а город становится невидимым, — проникновенно благовестительствует в эфире хорошо знакомый голос „радиоапостольного" пояснителя С.Чемоданова. Наворотив с три короба поповской лжи, умиленный музыкальный пояснитель мимоходом делает беглую оговорку:..." и т.д. И в заключение опера названа „поповско-интеллигентский „Китеж" (*Рабочая газета,* №1).

Такой знакомый Булгакову злобный ругательский стиль!

В 1925 году вахтанговцы поставили „Виринею” Лидии Сейфуллиной, пьесу проблемную, рассказывающую о становлении под влиянием революции нового типа женщины-крестьянки.

Первая пьеса Леонида Леонова „Унтиловск” была поставлена в 1928 г. во МХАТе. Действие происходило в заброшенном таежном местечке, где судьба столкнула обездоленных людей. Было много психологических рассуждений, мало действия и сильный актерский состав. Пьеса продержалась недолго.

В том же году и в этом же театре были поставлены „Растратчики” В.П.Катаева. Главную роль растратчика играл Тарханов, роль его фактотума Ванечки исполнял Топорков. Что за прекрасная пара! Был в пьесе пьяный надрыв и русское „пропади все пропадом”. Мы с Татой Ушаковой смотрели не отрываясь. Пьеса быстро сошла с репертуара.

В этом же 1928 г. мы с М.А. смотрели пьесу Бабеля „Закат” во 2-м МХАТе. Старого Крика играл Чебан, его жену Нехаму — Бирман, сына Беню — Берсенев. Помню, как вознегодовал М.А., когда Нехама говорит своему мужу: „А кацапы что тебе дали, что кацапы тебе дали? Водку кацапы тебе дали, матерщины полный рот, бешеный рот, как у собаки...”

В 1929 г. появился „Дядюшкин сон” Достоевского во МХАТе, с Н.П.Хмелевым в заглавной роли (о нем я говорю отдельно).

Запомнилось представление „Отелло” Шекспира в том же театре. Отелло играл Л.М. Леонидов, Яго — В.Синицын (впоследствии покончивший с собой), Дездемону — А.К. Тарасова, Кассио — Б.Н. Ливанов. Декорации писал знаменитый художник Головин.

Мы с М.А. очень ждали премьеры. Конечно, Леонидов опоздал с этой ролью лет на десять по крайней мере. Он уже не мог изображать воина-вождя и мужчину с пламенными страстями. К тому же он как-то беспомощно хватался за декорации, все норовил опереться или прислониться. Кто-то из актеров объяснил мне, что он страдает боязнью пространства.

Незаметно Яго стал центральной фигурой, переключив внимание зрителей на себя. Владимир Синицын не подавал Яго как классического злодея, а просто изображал тихого и очень вкрадчивого человека.

А.К.Тарасова была внешне привлекательна и трогательно спела „Ивушку". А вот Кассио (Б.Н.Ливанов) был необыкновенно, картинно красив на фоне пышных головинских декораций Италии эпохи Возрождения.

Нередко встречались мы на генеральных репетициях с Василием Васильевичем Шкваркиным. Он как-то был у нас в гостях со своей красивой женой. Это был один из самых воспитанных писателей. Он вообще держался прекрасно. Шли его вещи, сначала „Вредный элемент" (1927 г.), затем „Шулер" (1929 г.). Наибольший успех выпал на долю комедии „Чужой ребенок". Публика с удовольствием ходила на его пьесы. Трудно было представить, что этот корректнейший и не очень смешливый человек способен вызывать столько веселья своими комедиями.

Урожайным был 1930 год во МХАТе в смысле новых постановок: „Отелло", „Три толстяка" (Ю.Олеши), „Воскресение" (по Л.Толстому), „Реклама" — в этой переводной бойкой и игривой пьесе блеснула О.Н.Андровская. В этом же году МХАТ 2-й поставил „Двор" по одноименной повести Анны Караваевой. Я не видела этого спектакля. М.А. был один. Вернувшись, он очень забавно показывал в лицах, как парень-герой говорил: „Вот возьму-ка я зубную щетку, да как поеду я на периферию..." Конечно, это выдумка. Вряд ли такое могло произноситься со сцены. Рассказывал, как на заднем плане доили корову, а на переднем колыхались гипертрофированные подсолнухи. Сочинял, но занимательно.

Наряду с пьесами проблемными в те годы зачастую газета врывалась в театр. В этом смысле особенно характерна постановка у вахтанговцев пьесы Юрия Слезкина „Путина" (1931 г.). Уж не помню, по какому поводу, но год был карточный.

Когда открылся основной занавес и на темной сети в разных позах застыли судаки (а в этот день как раз по карточкам выдавали судаков), в театре раздался тихий стон (оформление Н.П.Акимова).

На сцене бригада чистила рыбу. И так все три — или

127

сколько их там было — действия.

Летом 1930 г. мы с М.А. ходили в Экспериментальный театр (б. Зимина) слушать оперу А.А.Спендиарова „Алмаст".

Заглавную роль исполняла Мария Максакова, Надир-шаха — Александр Пирогов. Это фундаментальное и красивое музыкальное произведение заканчивается трагическим моментом: Алмаст, во имя честолюбия предавшую свой армянский народ, открыв ворота крепости персидским завоевателям, ведут на казнь.

Когда в декаду армянского искусства Ереванский театр оперы и балета имени А.Спендиарова в октябре 1969 г. в Москве показал „Алмаст", я не узнала финала. Под веселую музыку сцену заполнили молодые девы в старинных доспехах — это олицетворение воинственных победивших армянских женщин-патриоток, введенных в спектакль в противовес предательнице Алмаст.

Александр Спендиаров такого никогда не писал.

Что это творится с театрами?

Помнится, у меня как-то был грипп с высокой температурой. Когда я встала с постели, М.А. предложил мне пойти с ним к вахтанговцам на спектакль „Пятый горизонт" (1932 г., пьеса Маркиша). Я не знала, что это разработка угольных пластов называется горизонтом. Я вообразила, что „пятый горизонт" — это психологически-философская тема. На сцене было жутко темно. Стоял, блестя кожаным костюмом — мне показалось, что с него стекает вода, — артист Глазунов в каком-то шлеме. Голова моя мутилась после жара, и я, приваливаясь к плечу М.А., спросила:

— Мака, это водолаз?

— Поезжай-ка ты лучше домой, — сказал он и повел меня к вешалке одеваться. За ним шел симпатичный писатель „малых форм", связанный с вахтанговским театром, который шепнул:

— Это не я написал...

Не помню, к сожалению, названия пьесы, шедшей в Камерном театре. По сцене крались лохматые и страшные мужики (кулаки! — сказали мы), причем крались особенно, по-таировски, все время профилем к публике —

как изображались египетские фрески. Потом появился мужчина интеллигентного вида в хорошо сшитом костюме, в галстуке, в крагах, гладко причесанный (артист Феин), и мы оба воскликнули: „Вредитель!". И не ошиблись. Такие стандартные типажи нередко переходили в те годы из пьесы в пьесу.

Конечно, бывали и интересные спектакли: „Дело", „Эрик XIV", „Сверчок на печи" с таким асом театрального искусства, каким был Михаил Чехов (МХАТ 2-й).

По изяществу и сыгранности на долгие годы запомнилось „У врат царства" Гамсуна в МХАТе с Качаловым-Карено, К.Еланской-Элина, Б.Н.Ливановым-Бондезен.

У нас существовала своя терминология. О спектаклях парадных, когда все стараются сделать их занимательными, красочными, много шумят и суетятся, но зрелище остается где-то в основе своей скучноватым, мы говорили „скучно-весело" (Лопе де Вега, иногда Шекспир).

Когда наталкивались на что-нибудь безнадежно устаревшее, старомодное да и комичное к тому же, М.А. называл это „вальс с фигурами". И вот почему. Однажды один начинающий драматург попросил Булгакова прочесть свою пьесу у тех же Ляминых. Было удивительно, что в современной пьесе, когда по всей Европе гремела джазовая музыка, все танцевали уан- и ту-степ, герои начинающего драматурга танцевали „вальс с фигурами"...

Но вот к чему М.А. никогда не испытывал тяготения, так это к кино, хотя и написал несколько сценариев за свою жизнь. Иногда озорства ради он притворялся, что на сеансах ничего не понимает. Помню, мы были как-то в кино. Программы тогда были длинные, насыщенные: видовая, художественная, хроника. И в небольшой перерыв он с ангельским видом допытывал: кто кому дал по морде? Положительный отрицательному или отрицательный положительному?

Я сказала:

— Ну тебя, Мака!

И тут две добрые тети напали на меня:

— Если вы его, гражданка, привели в кинематограф (они так старомодно и выразились), то надо все же объяснить человеку, раз он не понимает.

Не могла же я рассказать им, что он знаменитый „притворяшка".

Две оперы как бы сопровождают творчество Михаила Афанасьевича Булгакова — „Фауст" и „Аида". Он остается верен им на протяжении всех своих зрелых лет. В первой части романа „Белая гвардия" несколько раз упоминается „Фауст". И „разноцветный рыжебородой Валентин поет:

Я за сестру тебя молю..."

Писатель называет эту оперу „вечный „Фауст" и далее говорит, что „Фауст" совершенно бессмертен" (т.1, стр.30).

А вот как начинается пьеса „Адам и Ева". Май в Ленинграде. Комната на первом этаже, и окно открыто во двор. Из громкоговорителей течет звучно и мягко „Фауст" из Мариинского театра.

„АДАМ (целуя Еву). А чудная опера „Фауст". Ты меня любишь?.."

Музыка вкраплена там и тут в произведения Булгакова, но „Аида" упоминается, пожалуй, чаще всего. Вот фельетон „Сорок сороков". Панорама четвертая. „Сейчас". (*Накануне,* №310, 15 апреля 1923 г.). ...,,На сукне волны света и волной катится в грохоте меди и раскатах хора триумф Радамеса. В антрактах в свете золотым и красным сияет Театр и кажется таким же нарядным, как раньше".

„Боги мои, молю я вас..." Сколько раз слышала я, как М.А. напевал эту арию из „Аиды". В фантастической повести „Собачье сердце" главное действующее лицо, хирург Преображенский, в минуты раздумья, сосредоточенности напевает „К берегам священным Нила", арию из той же оперы, и в редкие дни отдыха спешит в Большой театр, если ее дают, послушать „Аиду". М.А. говорил: „Совершенно неважно, заказная ли работа или возникшая по собственному желанию. „Аида" — заказная опера, а получилась замечательно" (Верди написал ее по заказу Каирского оперного театра). „Аиду" слушали мы вместе в Большом театре.

Почти во всех произведениях М.А. 1924-32 г.г. присутствует музыка. В сборнике „Дьяволиада" (изд. „Недра", 1925 г.) в рассказе „№13. Дом Эльпит-Рабкоммуна" автор, описывая пожар, совершенно неожиданно применяет сравнение разрастающегося пламени с музыкальным нарастанием в оркестре: „....А там уж грозно заиграл, да не маленький принц, а огненный король, рапсодию. Да не *cappriccio*, а страшно — *brioso* (стр.132).

В „Зойкиной квартире” звучит грустный и томный рахманиновский напев „Не пой, красавица, при мне ты песен Грузии печальной...” Эту мелодию М.А. тоже любил напевать.

Ездили мы на концерты: слушали пианистов-виртуозов — немца Эгона Петри и итальянца Карло Цекки. Невольно на память приходят слова М.А.: „Для меня особенно ценна та музыка, которая помогает мне думать”.

Несколько раз были в Персимфансе (поясню для тех, кто не знает, что это такое: симфонический оркестр без дирижера).

Как-то, будучи в артистическом „Кружке” на Пименовском переулке — там мы бывали довольно часто — нам пришлось сидеть за одним столиком с каким-то бледным, учтивым, интеллигентного вида человеком. М.А. с ним раскланялся. Нас познакомили. Это оказался скрипач Лев Моисеевич Цетлин — первая скрипка Персимфанса.

— Вот моя жена всегда волнуется, когда слушает Персимфанс, — сказал М.А.

Музыкант улыбнулся:

— А разве страшно?

— Мне все кажется, что в оркестре не заметят ваших знаков и во-время не вступят, — сказала я.

— А очень заметны мои „знаки”, как вы говорите?

— Нет, не очень. Потому-то я и волнуюсь...

М.А. нравилась игра молодого пианиста Петунина. Я помню, как мы здесь же, в „Кружке” ходили в комнату, где стоял рояль, и симпатичный юноша в сером костюме играл какие-то джазовые мелодии и играл прекрасно.

Были у нас знакомые, где любили помузицировать: Михаил Михайлович Черемных и его жена Нина Алексанровна. Пара примечательная: дружная, уютная, хлебосольная. Отношение Булгакова к Черемных было двойственное: он совершенно не разделял увлечения художника антирелигиозной пропагандой (считал это примитивом) и очень симпатизировал ему лично.

К инструменту садилась Нина Александровна. Тут наступало торжество „Севильского цирюльника".

> Скоро восток золотою,
> Румяною вспыхнет зарею —

пели мужчины дуэтом, умильно поглядывая друг на друга. Им обоим пение доставляло удовольствие, нравилось оно и нам: Нине Александровне, сестре ее Наталии Александровне (красавице из красавиц) и мне.

Тут уместно упомянуть о том, что в юности М.А. мечтал стать певцом. На письменном столе его в молодые годы стояла карточка артиста-баса Сибирякова с надписью: „Иногда мечты сбываются"...

К периоду 1929-30 г.г. относится знакомство М.А. с композитором Сергеем Никифоровичем Василенко и его семейством. Здесь были люди на все вкусы: сам композитор, жена его Татьяна Алексеевна, прекрасная рассказчица, женщина с большим чувством юмора, профессор Сергей Константинович Шамбинаго (ее бывший муж), знаток русской классической литературы, и их дочь Елена Сергеевна Каптерова, за которой приятно было поухаживать. Семейный комплект дополняла малолетняя Таня Каптерова и пес Тузик.

В доме у них бывали певцы и музыканты.

В заключение мне хочется отметить еще одну особенность в творчестве Булгакова: его тяготение к именам прославленных музыкантов. В повести „Роковые яйца" — Рубинштейн — представитель „одного иностранного государства", пытавшийся купить у профессора Персикова чертежи изобретенной им камеры.

Тальберг в романе „Белая гвардия" и пьесе „Дни Турбиных". В прошлом веке гремело имя австрийского пианиста Зигизмунда Тальберга, который в 1837 году в Париже состязался с самим Листом.

В „Мастере и Маргарите" литератор носит фамилию Берлиоз. Фамилия врача-психиатра, на излечении у которого находится Мастер, — Стравинский.

* * *

Вот понемногу я и дошла до последних воспоминаний и до последних дней нашей совместной жизни — ноябрь 1932 года.

Не буду рассказывать о тяжелом для нас обоих времени расставания. В знак этого события ставлю черный крест, как написано в заключительных строках пьесы Булгакова „Мольер".

1968 г. — осень 1969 г.

ИЗДАТЕЛЬСТВО „АРДИС"

Фазиль Искандер, САНДРО ИЗ ЧЕГЕМА (1979)
Андрей Битов, ПУШКИНСКИЙ ДОМ (1978)
Саша Соколов, ШКОЛА ДЛЯ ДУРАКОВ (1976)
Саша Соколов, МЕЖДУ СОБАКОЙ И ВОЛКОМ
(1979)
ГЛАГОЛ 1. Литературный альманах (1977)
ГЛАГОЛ 2. Литературный альманах (1978)
Э. Проффер (ред.), НЕИЗДАННЫЙ БУЛГАКОВ
(1977)
В. Войнович, ИВАНЬКИАДА (1976)
Л. Копелев, ХРАНИТЬ ВЕЧНО (1975)
Л. Копелев, И СОТВОРИЛ СЕБЕ КУМИРА (1979)
Иосиф Бродский, ЧАСТЬ РЕЧИ (1977)
Иосиф Бродский, КОНЕЦ ПРЕКРАСНОЙ ЭПОХИ
(1977)
Алексей Цветков, СБОРНИК ПЬЕС ДЛЯ ЖИЗНИ
СОЛО (1978)
А. Ахматова, ПОЭМА БЕЗ ГЕРОЯ (1978)
Андрей Платонов, ШАРМАНКА (1975)
Андрей Платонов, КОТЛОВАН (1979)
Сергей Довлатов, НЕВИДИМАЯ КНИГА (1978)
Эдуард Лимонов, РУССКОЕ (1979)
Владимир Уфлянд, ТЕКСТЫ 1955-77 (1978)

Владимир Набоков, ДРУГИЕ БЕРЕГА (1978)
Владимир Набоков, ОТЧАЯНИЕ (1978)
Владимир Набоков, СОГЛЯДАТАЙ (1978)
Владимир Набоков, СТИХИ (1979)
Владимир Набоков, ВЕСНА В ФИАЛЬТЕ (1979)
Владимир Набоков, КАМЕРА ОБСКУРА (1978)
Владимир Набоков, МАШЕНЬКА (1974)
Владимир Набоков, ПОДВИГ (1974)
Владимир Набоков, ПРИГЛАШЕНИЕ НА КАЗНЬ
(1979)
Владимир Набоков, КОРОЛЬ, ДАМА, ВАЛЕТ
(1979)
Владимир Набоков, ЗАЩИТА ЛУЖИНА (1979)
Владимир Набоков, ЛОЛИТА (1976)
Владимир Набоков, ВОЗВРАЩЕНИЕ ЧОРБА (1976)